# 年方六千

## 文物的故事

郑岩 著
郑琹语 绘

中信出版集团 | 北京

图书在版编目（CIP）数据

年方六千：文物的故事/郑岩著；郑栞语绘. --
北京：中信出版社,2019.6（2020.8重印）
ISBN 978-7-5217-0347-4

Ⅰ.①年… Ⅱ.①郑… ②郑… Ⅲ.①文物-中国-
图集 Ⅳ.①K870.2

中国版本图书馆CIP数据核字(2019)第060686号

年方六千：文物的故事

著　　者：郑岩
绘　　者：郑栞语
出版发行：中信出版集团股份有限公司
　　　　（北京市朝阳区惠新东街甲4号富盛大厦2座　邮编　100029）
承 印 者：北京尚唐印刷包装有限公司

开　　本：787mm × 1092mm　1/32　　印　　张：7　　字　　数：100千
版　　次：2019年6月第1版　　印　　次：2020年8月第5次印刷
书　　号：ISBN 978-7-5217-0347-4
定　　价：68.00元

献给妈妈／奶奶

刘云芳女士

# 方六千

“年”字为元代磁州窑瓷片上的墨书

# 写在前面的话

我大学读的是考古专业，后来大部分时间在博物馆和学校工作，参加田野发掘的机会并不多，但印象深刻。在野外，除了新发现带来的兴奋，还有一种与“今人不见古人月”全然不同的感受。

二〇〇〇年春，我随安家瑶先生参加西安唐大明宫太液池的试掘。那时，电视连续剧《大明宫词》正在热播，但工地上没有电视机，我一集也没看过。我住在麟德殿遗址东侧的平房内，晚上工作累了，便打开门，登上麟德殿的台基，在巨大的柱础间散步。这是唐高宗时建造的大明宫内最大的建筑群，是皇室召见群臣、设宴待宾、三教论衡的场所。长安三年（七〇三年），武则天在这里招待日本遣唐使粟田真人。我想象着当年武则天坐在哪里，“读经史，解属文，容止温雅”的粟田真人坐在哪里。月光下，什么都没有发生，但我的确有着一种莫可名状的感受。

就在发掘快要结束的时候，我负责的探沟内发现了数排不太整齐的小柱洞。这是太液池北岸环廊的遗迹。当年唐玄宗与杨贵妃可能曾在此漫步，我似乎一转身，就可以遇到他们。

我在山东省博物馆工作了十多年，有很多机会将一件件文物从库房提出来，摆放到展柜中；或者从展柜中取出，归还库房。有一次，我带着一批文物在台湾展出，包括这本书中所收的山东龙山文化黑陶高柄杯。展览结束后，我里三层外三层地包装这件薄如蛋壳的杯子，小心翼翼地塞上包着细棉的丝绸小软垫，小盒子套进大盒子，大盒子外加上各种填充料，装箱后外面再垫上软质的材料。为了避开中山高速公路高峰时段的车流，我们天还没亮便从台中出发。我坐在副驾驶座上，一路不断提醒司机先生慢一些、再慢一些。亲眼看着装载文物的集装箱进入基隆港的码头，我才惴惴不安地离开。文物从海路运到青岛港，我从济南带车去青岛海关迎接。回到馆里，我迫不及待地开箱检验。看到那件宝贝安然无恙地沉睡在盒子中，我的心才放下。那些日子，我的感觉，大概就像一位母亲将未满月的婴儿交给了别人代管。

不同于大多数朋友隔着博物馆展柜的玻璃参观，上述机缘使我有一种“特权”，可以零距离地接触文物——我感觉到了它们的重量、质感、味道。视觉、触觉、嗅觉带来的，是与书本上所读到的历史不同的印象。后者无论有多么详细的记载和描述，都是过去时，而那些文物被我们从地下唤醒以后，就和我们处在同一个空间，看得见，摸得着，成为我们这个世界的一部分。时间不再是线性的，而是折叠在一起。

我第一次写田野调查报告时，用的是这样的文字：

> 背壶 10 件。分三式。
>
> I 式：2 件。AL：35，泥质灰陶。侈口，方唇，粗颈，广肩，颈肩转折明显，收腹，平底。肩部有一对带状斜竖耳，偏于腹壁较平的背侧，另一侧有一下勾的突纽。口径 10 厘米，通高 22 厘米，最大腹径 14 厘米，底径 7.8 厘米。

考古报告的规范要求我们不带任何主观色彩，客观平实地描述所发现的材料，以供更多的研究者使用。拿杨泓先生的话来说，这种文字就像医院的化验报告，并不求其可读性。许多考古学论文采用的也是这样的文字。我完全认同学科的这类规范和传统，但是，我在田野和博物馆的全部感受，却无法用这种文字完整地表达出来。

考古学家是在一个极为广大的时空坐标中观察历史，他们有机会看到树木，但更关心的是森林。他们对人类社会和文化整体变化的兴趣，远远超过对个人和事件的好奇。十五年前，我来到中央美术学院教书，开始从一个新角度回望过去所熟悉的文物。在美术史的体系中，文物是“作品”，而不是考古学所说的“标本”。一条曲线从陶罐的底部缓缓上升，从容地经过它的腹部、肩部，微妙地过渡到颈部，最后在口沿的唇部完美地收束。我在课堂上用激光笔的光点离离合合地重复着这条曲线，与考古报告自上而下的描述顺序不同，我想要告诉学生的是，这条线是在陶轮上从底部开始拉坯制作而成的。一块泥巴，生长为一件器物，其背后有一双富有创造力的手，有一个富有想象力的活生生的人。诗比历史真实，艺术离人心更近。

我来到美院工作不久，文物出版社资深编辑李红和张小舟女士找到我，命我与扬之水和孟晖两位合作，为一本图录撰写说明词，要求生动简明，不同于考古报告的文字风格。我承担了这本书大约一半的篇幅，这就是二〇〇六年出版的《大圣遗音——中国古代最美的艺术品》。这本书给了我一个机会，让我去寻找一种更自由的表达方式。

《大圣遗音》的版权早已到期，前几年，吕寰等朋友建议我将其中的文字重新组织利用。我事情繁杂，一直未坐下来认真想这个事情。二〇一七年初冬，老友王志钧来访。她以前曾在多家出版社工作，我们有过合作，后来她创办了“长歌行”儿童艺术教育中心。我知道她需要一些图文书，便将自己多余的一册《大圣遗音》送她。第二天，志钧打来电话说，建议由小女琹语配画，出一本新书。她既保留着一位编辑的敏感，又天天接触孩子们的绘画，这个主意，只有她能够想出来。我毫不犹豫地接受了她的建议。志钧具有令人震惊的执行力，一直到今天，她都是这本书严苛的监工。

书中选择的主要是考古发现的古代文物，下限是明代。考虑到绘画的效果，主要限于器物，没有选择平面性的文物（如帛画、壁画等），也不包括不可移动的城址、建筑、沉船等遗迹。我原以为《大圣遗音》的文字大部分可以利用，但十几年前的东西，现在读来已经不能心安。我也听取了编辑的修改意见，几乎全部推倒重来，又补写了唐代以后的部分。就形式而言，这不是一本学术著作。我不是作家，不是诗人，因此这又不是文学作品。我想，这只是一次比较个人化的写作，我不采用考古报告和论文的范式，不拘形式地把对古代艺术的各种感受表达出来。如果这些文物不被我们发掘、发现，不被我们观察、追问，也许它们真的就死去了。正是在我们的研究中，它们逐渐恢复了原有的身份和记忆，历史也变得无远弗届。我希望通过文字，去激活文物内在的生命力，发现那些可以在今天继续生长的东西。

小语正在读设计专业的研究生，画画只是她的业余爱好。她的工具和材料很简单，只有水彩、彩色铅笔和普通的水彩纸，画幅也不大，因此读者处处可以看到那些笔触，甚至一些小的出入。这些手工的痕迹，比起照片来，也许另有一种温度。她尽可能忠实于原作，不去做太多风格化的发挥，以这种朴素的方式，去接触、领悟那些美好的创造。对她来说，这是一个难得的学习过程。

具体的出版工作，是由董秀玉先生创办的“活字文化”主持的。我非常感谢活字文化的几位领导对这本书的关心，特别是汪家明先生。他是我的杂文集《看见美好——文物与人物》的策划者，我一直没有找到机会在文字中感谢他。前后张罗这件事的，还有活字文化的陈轩兄。陈兄读书多，为人热情，朝气蓬勃，还知道在哪里可以找到好吃的东西。

志钧从家中带来精致的茶点，在我凌乱不堪的工作室硬是挤出一块地方来，摆出那些雅致的花样，还有陈轩、李猛、泽丹、小语，大家一起讨论、喝茶。这样的聚会，令人难忘。

除了上述朋友，也特别感谢中信出版集团的支持。写作过程中，我每天将一幅画和一篇文字发布在微信朋友圈，每天都得到师友们热情的鼓励和指导，也感谢他们持续不断的支持。

这是我与女儿的第一次合作。看到她努力做事，看到她的成长，我很高兴。

**郑岩**

二〇一八年九月二十九日

# 土石本色

人面鱼纹彩陶盆 \ 2
船形彩陶壶 \ 4
鹳鱼石斧图彩陶缸 \ 6
人形彩陶瓶 \ 8
鹰形黑陶鼎 \ 10
舞蹈纹彩陶盆 \ 12
花瓣纹彩陶壶 \ 14
黑陶高柄杯 \ 16
黄陶鬶 \ 18
玉龙 \ 20
玉笄 \ 22

# 青铜表情

铜爵 \ 26
镶嵌绿松石铜牌饰 \ 28
祭祀狩猎刻辞牛骨 \ 30
司母戊鼎 \ 32
妇好铜钺 \ 34
四羊方尊 \ 36
玉象 \ 38
羽人玉配饰 \ 40
金面铜人头像 \ 42
何尊 \ 44
日己方彝 \ 48
大克鼎 \ 50
曾仲斿父方壶 \ 52
牌形玉饰 \ 54
错金银龙凤铜案 \ 56
贴金猿形银带钩 \ 58
铜鹿角立鹤 \ 60
彩绘漆鸳鸯形豆 \ 62

陶跪射武士俑 \ 66
陶百戏俑 \ 68
长信宫灯 \ 70
鎏金铜马 \ 72
四神纹玉铺首 \ 74
玉羽人奔马 \ 76
双层九子彩绘漆妆奁 \ 78
云鸟纹漆盘 \ 80
银盒 \ 82
玉角杯 \ 84
牛形错银铜灯 \ 86
神兽纹玉樽 \ 88
陶执臿农夫俑 \ 90
陶击鼓说唱俑 \ 92
井盐画像砖 \ 94
陶仓楼 \ 96
虎噬牛铜俎 \ 98

日出而作

## 铁马菱舟


青釉羊尊 \ 102

青釉蛙形水注 \ 104

铜奔马 \ 106

青釉香熏 \ 108

金步摇冠饰 \ 110

鸭形玻璃水注 \ 112

石兽 \ 114

青釉莲瓣纹盖罐 \ 116

陶供养人头像 \ 118

石雕胁侍菩萨像 \ 120

彩绘石雕菩萨像 \ 122

青釉仰覆莲花尊 \ 124

黄釉瓷扁壶 \ 126

镶嵌珠宝金饰 \ 128

鎏金银胡瓶 \ 130

## 金银岁月

鎏金仕女狩猎纹八瓣银杯 \ 134
鎏金鹦鹉纹提梁银罐 \ 136
鎏金舞马衔杯纹银壶 \ 138
葡萄花鸟纹银香囊 \ 140
凤鸟衔枝鎏金银钗 \ 142
鎏金铜塔 \ 144
人物花鸟纹螺钿漆背铜镜 \ 146
兽首玛瑙杯 \ 148
八棱净水秘色瓷瓶 \ 150
三彩载乐舞骆驼 \ 152
彩绘陶小憩女童骆驼 \ 154
木身锦衣裙仕女俑 \ 156

# 远方 远方


莲花形鹊尾银香炉 \ 160

鎏金卧鹿纹银鸡冠壶 \ 162

玉六事 \ 164

白釉波浪纹瓷海螺 \ 166

天青釉莲花式温碗 \ 168

青釉琮式瓶 \ 170

白釉褐彩鹳鸰图虎形枕 \ 172

青花凤首扁壶 \ 174

青花萧何月下追韩信梅瓶 \ 176

青白釉观音像 \ 180

白地黑花婴戏纹罐 \ 182

广寒宫图嵌螺钿黑漆盘残片 \ 184

金镶宝石累丝绦环 \ 186

金累丝点翠凤冠 \ 188

五彩鱼藻纹盖罐 \ 190

青花跃鱼纹盘 \ 192

画在后面的画 郑栞语 \ 195

五六千岁，还算年轻。

在爸爸的文字中、女儿的画笔下，

文物继续生长。

# 土石本色

人们将种子储藏在彩陶壶中，

盘算着来年的丰收。

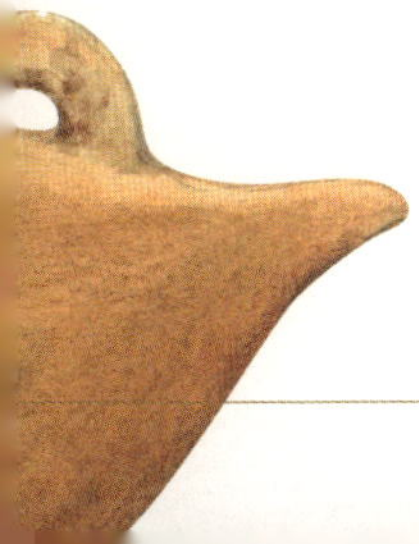

## 人面鱼纹彩陶盆

仰韶文化（约公元前 5000—前 3000 年）
高 16.5 厘米，口径 39.8 厘米
1955 年陕西西安半坡出土
中国国家博物馆藏

---

中国最早的陶器出现于大约两万年之前。土加水成形，浴火而坚，从物理变化到化学变化，幻化出煮饭的锅、盛水的碗、祭神的酒杯……伴随着制陶技术的发展，长江南岸的稻花香了，黄河拐弯处的粟米熟了，收割的石刀越磨越亮，农业的时代到来了。在史家那里，这个时代，叫作新石器时代。

人们随处可以找到发挥绘画和雕塑才能的媒材，心存目识的各种形状在一块块泥巴中生长。陶盆上以黑彩绘出的奇特的脸，是螃蟹？是捕鱼人的肖像？是祖先的面容？是保佑他们的神明？……其实，这并不是一个画谜，那时，村子里老老少少，人人熟知这样的面孔。可惜，它的身份证丢失在了时光的旅途中。

## 船形彩陶壶

仰韶文化（约公元前 5000—前 3000 年）
高 15.6 厘米，口径 4.5 厘米，长 24.8 厘米
1958 年陕西宝鸡北首岭出土
中国国家博物馆藏

村子的新址选择在金陵河西岸的台地上，位置既不高也不低。河水上涨时，不至于淹没家园；河水下降了，取水也不会太远。村西的壕沟用来防范野兽的袭扰，走过简易的桥，便是新开垦的农田。烧制盆盆罐罐的陶窑设在靠近河岸的断崖上，老窑工起早贪黑地劳作，每天迎送着下河捕鱼的年轻人。渔猎，仍是农业、畜牧以外重要的食物来源。

老窑工说，这是昨夜归来的那叶渔舟，太阳升起来了，疲惫的网晾晒在它的身上。

## 鹳鱼石斧图彩陶缸

仰韶文化（约公元前 5000—前 3000 年）
高 47 厘米，口径 32.7 厘米，底径 19.5 厘米
1978 年河南临汝县阎村出土
中国国家博物馆藏

---

与常见的几何图案不一样，这是一幅鸿篇巨制。人们站在一侧就可以看到它全部的细节，而背面什么都没有。在画师眼中，陶缸的这个侧面，变为一块平展的画布。时间紧张，他手里只有黑色和白色。但这难不倒他，他将坯的固有色借作中间色，白色跳出来，黑色沉下去。神气的白鹳没有描边，这是“没骨”的笔法；僵死的鱼画出了轮廓，这是“双钩”的技巧——千百年后的这些术语还没有出现，但行动已经遥遥领先。噢，石斧手柄上的带子要扎紧。画师扔下笔，拿来一枚尖利的箭头，用力刻上那些细密的网纹。

陶缸烧成了，预先占卜好的时辰也到了。

新上任的年轻酋长，声音如此洪亮——

我伟大的前辈啊，您多么健壮，多么威武！您手握一柄锋利的石斧，率领我们鹳部落击败了鱼部落的来犯。这样的功绩，多少年来一直在我们鹳部落传扬。现在，我们将您安葬在大陶缸中，英雄的故事，就画在缸的外面。我在斧柄上加注您不朽的名号。您听，子孙们的颂歌唱响了！

## 人形彩陶瓶

仰韶文化（约公元前 5000—前 3000 年）
高 31.8 厘米，口径 4.5 厘米
1973 年甘肃秦安大地湾出土
甘肃省博物馆藏

一块泥片，简单地捏塑出鼻子，戳压出眼睛、嘴巴、耳孔，贴在陶瓶的口部，两侧与脑后再刻出下垂的长发，顶部仍保留着可以使用的瓶口。霎时，橄榄状的瓶身变成了孕妇的腹部，黑彩描绘的蔷薇花化作她漂亮的衣服。

也许，人们会将种子储藏其中，去盘算来年的丰收。

活下来，要吃饭；传下去，要生子。在先民的心中，这两件事情实在难以分割，就让粮食与宝宝一起孕育、一起成长。

## 鹰形黑陶鼎

仰韶文化（约公元前 5000—前 3000 年）

高 35.8 厘米

1958 年陕西华县太平庄出土

中国国家博物馆藏

---

雄鹰双翼收起，尾羽在不经意间轻轻触地。但它突出的双目、勾起的尖喙、起伏的肌肉，却包藏着搏击长空的勇气。中空的腹内，需要填充上足够的食粮，才能与外部力量抗衡。

出土此器的墓葬中，安葬着一位成年女性。墓内随葬的大量骨器和陶器，显示出其地位不同寻常。这件造型特殊的陶鼎，可能也是其身份与权力的标志。

## 舞蹈纹彩陶盆

马家窑文化（约公元前 3000—前 1900 年）
高 14.1 厘米，口径 29 厘米，底径 10 厘米
1973 年青海大通上孙家寨出土
中国国家博物馆藏

沿着黄河溯流而上，彩陶的统治一直扩展到甘肃、青海。

青海大通河流域发现的多件陶器上，绘有手拉手跳舞的小人。孙家寨村这件陶盆，内壁周圈画了三组舞者，每组五人。

夕阳返照，剪裁出舞者的身影，隐藏了他们的眉眼。是那一样的队形、一样的步调、一样甩动的发辫和带饰，暴露了他们的心情。注入半盆清水，笑声、歌声倒映在了池塘中。

向西，再向西，在中亚地区七千三百多年前的萨马拉文化彩陶上，也见有大同小异的人形。是否有一条“彩陶之路”，跨过万里千年，让那些陌生的人拉起了手？材料太少，这样的问题，还没有答案。

## 花瓣纹彩陶壶

大汶口文化（约公元前 4300—前 2600 年）
高 19.5 厘米，口径 7 厘米
1966 年江苏邳州市大墩子出土
南京博物院藏

在距离大海不远处的一个村庄里，陶工将这些漂亮的花瓣熟练地画在一件普通的陶壶上，而这原本是黄河中游陶器上流行的图样。考古学家关心的问题是：谁、什么时候、为什么、怎么样把它们带到了这里?

## 黑陶高柄杯

山东龙山文化（约公元前 2600—前 2000 年）
高 26.5 厘米，口径 9.4 厘米
1975 年山东日照东海峪出土
山东省文物考古研究院藏

这件黑陶高柄杯器壁最薄处不足一毫米，是所谓“蛋壳陶”的典型。其造型轻灵秀颀，亭亭玉立，又处处隐藏着对陶土性能的挑战和对容器功能的反叛。台形圈足被缩小到极点，纤细的柄节节加高，险象环生。柄中部的鼓形中空，表面有密密麻麻的镂孔，消解了体量感。轻轻摇动一下，才知道鼓形内部潜伏着一枚小小的陶球。杯身已高悬在半空，口沿又故意外折，并远远探出，让人倒吸一口冷气。若倒满酒水，谁能保证它不会粉身碎骨?

重量被忽略，容量也不重要，只有视觉获得了胜利。

经过匠师千百次的试验之后，一件标准的高柄杯才幸运地诞生。如此不寻常的杯子，只能用于某种神圣的仪式。尊贵的主祭人举“轻”若“重”，庄重地拿起陶杯，轻轻摇动，再慢慢放下。只有神明听得见陶球撞击的乐音，只有神明才能正视杯子令人惊艳的身影。

历史是一出大戏，一件小小的道具也令人荡气回肠。

## 黄陶鬶

山东龙山文化（约公元前 2600—前 2000 年）
高 29.7 厘米
1960 年山东潍坊姚官庄出土
山东博物馆藏

---

鬶是一种煮水的器具，为了便于倾倒，口部加了细长的尖喙；为了便于把持，背部加上把手；为了节约热能，足部塑为袋状；为了保持平衡，一只足跨出一大步。美，就在这些实实在在的需求中产生。至于它腹部贴出的点点线线，则是美的延伸了。

在这种器物千余年的成长史中，还有一些用来盛酒，呈献给鬼神；还有一些经过陆路和海路，迁播到遥远的岭南、辽东，甚至渤海与黄海之间的小岛上；还有一些，孕育出了青铜的子孙。

# 玉龙

红山文化（约公元前3500—前2500年）
高29.3厘米
1971年内蒙古翁牛特旗三星塔拉村出土
中国国家博物馆藏

玉和龙，都是中国文化的符号。美丽的玉，开采于平凡的石头；神圣的龙，来源于普通的动物。是人的心，发现了自然的灵性。

这件著名的玉龙，有猪一般的嘴、马鬃状的冠、蛇形的躯体，是最早的龙形象之一。晚至周代的玉器中，还可见到这类蜷曲的龙形。其身体中部有一孔，从孔中穿绳悬挂，龙首会深深垂下，而不是通常见到的图片中高高昂起的样子。再威风的神物，也是人所创造，并为人所用的。

## 玉笄

山东龙山文化（约公元前 2600—前 2000 年）
高 23 厘米
1989 年山东临朐西朱封出土
中国社会科学院考古研究所藏

这不再是哲人们想象中的那个“天下为公”的时代。最小的墓葬仅可容身，除了死者的尸骨，别无一物。而编号二〇二的大墓长达六点六八米，死者安卧在带有彩绘的棺椁中，随葬大量陶器、玉器、石器、骨器、绿松石器，还有多件鳄鱼骨板。

这件玉笄发现于二〇二号墓主人的头部，是发髻上的饰品。竹节状的柄为墨绿色，顶部插嵌在半透明的扇形白玉片上，连接处毫厘不爽。扇形玉片周边镂刻花牙，变化多端；内部有各种透雕的孔洞，玲珑剔透，一张神面若隐若现。原来嵌贴在扇形两面的绿松石薄片出土时已经散落在周围，有九百八十余件，最小的只有几毫米。

不要赞叹此刻的美妙，我们已错过了她最好的年华。

酒喝完了，

方尊内只剩下一个玄之又玄的空洞，

对抗着外面的万千风云。

## 铜爵

二里头文化（约公元前 1800—前 1500 年）

高 22.5 厘米，流尾长 31.5 厘米

1975 年河南偃师二里头出土

偃师商城博物馆藏

甲骨文的发现，证实了商王朝的真实性。再向前一步：大禹是不是实有其人？他是不是从舜那里得到禅让的王位？他是否曾三过家门而不入？他建立的夏王朝是否曾经存在？这些中国人代代相传的故事，在严肃的史学家那里，却是需要一一验证的问题。

二里头，是河南洛阳盆地东部偃师市境内的一个小村子。一九五九年在这里发现的古代遗址，成为探索夏文化最重要的线索。一个甲子过去了，宫殿、道路、城墙、居民区、作坊、祭祀区、墓葬，大量的青铜器、玉器、陶器、骨角器……一一被考古学者从地下唤醒，甚至包括一条绿松石拼嵌的龙，只是还没有找到与夏有关的文字。

爵是二里头文化典型的青铜酒器。爵，通雀。从纤细短小的杯身出发，各个部件向四方延伸，如一只鸟儿，羽翼斯张。流口、把手、三足，这些元素曾在陶鬶的身上试验；轻巧、灵动、优雅，这些气质曾在蛋壳陶杯上养成。然而，坚固的青铜，却宣告了一个新时代的到来。

## 镶嵌绿松石铜牌饰

二里头文化（约公元前 1800—前 1500 年）
长 16.5 厘米
1984 年河南偃师二里头出土
中国社会科学院考古研究所藏

---

一条龙约束在小小的铜牌里，绿松石嵌出的鳞甲是它身份的证明。

——你是权力的徽志，还是沟通神祖的助手？

神龙默默无语。那双曾经见证过历史大转折的眼睛，依然炯炯如炬！

## 祭祀狩猎刻辞牛骨

商（约公元前 16—前 11 世纪）
长 32.2 厘米，宽 19.8 厘米
河南安阳出土
中国国家博物馆藏

商王武丁祭祀更早的商王仲丁，商王狩猎时有人从车上坠落了，有贵族去世了，杀死奴隶进行祭祀，有云自东面来，双头龙状的虹到河中饮水……这些重要的事情，被工工整整地记录在这片硕大而完整的胛骨上，共一百六十余字。字内填朱，色彩鲜艳。与这件记事胛骨不同，更多的商代甲骨文属于占卜刻辞。满怀虔诚的商王几乎每事必卜，如祭祀、狩猎、战争、天象、农事，都要利用这些刻在龟甲兽骨上的文字，通过负责占卜的“贞人”，向上帝、鬼神和故去的商王们卜问吉凶，祈求福佑。

占有文字，就占有了与神灵沟通的权力，于是，其他一切权力也就与之俱来了。

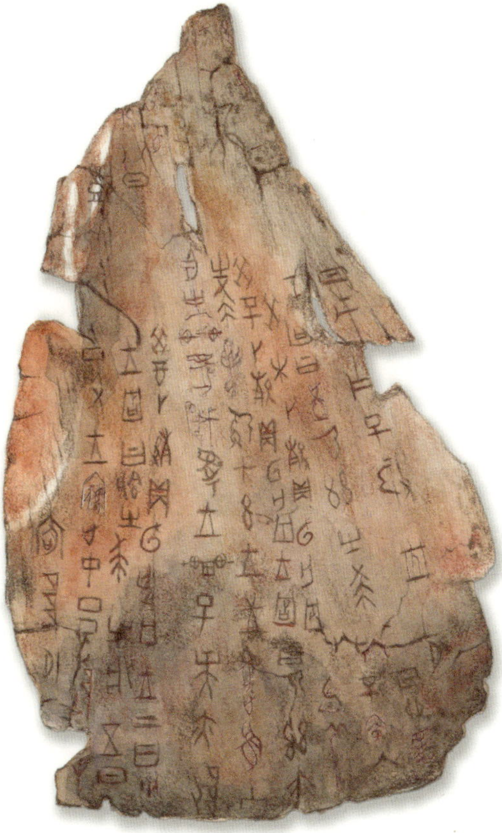

## 司母戊鼎

商（约公元前 16—前 11 世纪）
高 133 厘米，口长 112 厘米，口宽 79.2 厘米，壁厚 6 厘米
1939 年河南安阳武官村出土
中国国家博物馆藏

这件重达八百三十二点八四千克的大鼎，是古代最重的青铜器吗？不，它只是我们现在能看到的最重的一件。出土这件青铜器的墓葬，只有一条用于运送死者棺木的墓道，而标准的商王陵则有四条墓道。那些大墓从商朝覆亡之后，就屡屡被盗。体量更大的青铜器或许已被回炉重铸，或许仍沉睡在地下。

鼎腹内壁“司母戊”三字铭，有学者又释作“后母戊”。这是商王祖庚或祖甲铸造的礼器，“母戊”是其母亲死后被祭祀时的“庙号”。鼎的平面和各个立面均为长方形，予人以稳定浑厚的印象。略微外侈的鼎口和稍内敛的鼎足，又增加了视觉上的压力。鼎腹外壁的兽面纹、夔纹，以及鼎耳上虎噬人头的纹样，沿着器物的边缘布列，绝不喧宾夺主，说明器物本身的意义比这些装饰更为重要。

这种庄严厚重的礼器，在古人观念中，是国家命运的象征。公元前六〇七年，雄心勃勃的楚庄王从南方出兵，直抵周都洛邑的南郊。见到周的使者王孙满，他劈头就问周鼎的轻重大小，言外之意，是欲取而代之。王孙满详细述说了鼎的历史，最后说：“周德虽衰，天命未改，鼎之轻重，未可问也。”终使楚军退去。这就是成语“问鼎中原”的出处。

## 妇好铜钺

商（约公元前16—前11世纪）
高39.5厘米，刃宽37.3厘米
1976年河南安阳小屯妇好墓出土
中国社会科学院考古研究所藏

四百六十八件青铜器、七百五十五件玉器、五百六十多件骨牙器、六十三件石器、六千八百多枚贝……各种随葬品源源不断地从小屯村的妇好墓中取出。这座没有被盗掘过的殷商王族墓葬，让每一个在考古发掘现场的人目瞪口呆。

三千多年前的小屯，是商代后期都城殷的宫殿区。不知道是什么原因，这座高等级的墓葬没有设置在都城西北的王陵区，而是掩埋在宫殿附近。

一件青铜钺上有“妇好”的铭文。这两个字也见于甲骨文，是商王武丁一位配偶的名字。据甲骨文记载，她曾率领军队征伐外族，是一位战功赫赫的女将。这件青铜钺是其生前军权的象征。铜锈已经改变了它的颜色，但却遮挡不住它骨子里的凛凛威风。

## 四羊方尊

商（约公元前 16—前 11 世纪）
高 58.3 厘米
1938 年湖南宁乡月山铺出土
中国国家博物馆藏

理论总是姗姗来迟，所谓的“魔幻现实主义”，早在商代就已付诸实践。

在器物肩部塑造三维的动物头像，这样的做法在晚商青铜器中纯属老路子，但峥嵘的盘角，却使得四只羊头如风起云涌、电闪雷鸣。设计者从这里出发，将尊腹垂直的转角改造为羊饱满的前胸，羊蹄羊腿依靠在高高的器足上，妥妥帖帖。每只羊实际上仅铸出了两条前腿，但从转角处正对羊头看去，左右相邻的两只羊的各一条腿，都可以借用为近处这只羊的后腿。打眼一瞥，四只羊齐心协力，背负着一朵盛开的花儿；定睛再看，它们又像是要挣脱铜尊的束缚，各奔前程。云雷纹就着起伏的形体，高高低低地铺展，化为细密厚实的羊毛，满满的都是温暖。方尊颈部四面的扉棱，呼应着拥挤的羊腿，由下而上慢慢运笔，精准地勾画出优雅舒展的轮廓线；借着惯性，笔尖微微探出口沿，但并不尖利，确是恰到好处。

羊者，祥也；羊大为美——寻常的祈愿，就这样吟诵出来、高唱出来、呼喊出来，激扬清越，不同凡响。可怜羊首之间四条小小的蟠龙，纵然有千种百种神性，也早已被人们忘得一干二净。

仪式结束后，祭肉和美酒照例要被众人分享。酒酣耳热时，回头再看这只酒尊，迷离的醉眼中，它又会是哪般气象？

不多时，酒喝完了。方尊内只剩下一个玄之又玄的空洞，对抗着外面的万千风云。

## 玉象

商（约公元前 16—前 11 世纪）

长 6.5 厘米

1976 年河南安阳小屯妇好墓出土

中国社会科学院考古研究所藏

---

殷都周围，是茂密的森林。溯洹水而上，不远处就是小象的家。

三千年前的风景，子孙们可曾记得？

## 羽人玉配饰

商（约公元前 16—前 11 世纪）
高 11.5 厘米
1989 年江西新干大洋洲程家村出土
江西省博物馆藏

商并不是我们想象中那样一个幅员辽阔的王国。商都多次迁移，在极盛时，商王直接控制的区域只不过是以今河南安阳殷墟为中心的华北平原和伊洛河盆地，也就是甲骨文中所说的“商”“大邑商”“中土”。在其周边，是一些与商王有血缘关系的部族、方国。再向外，则是传世文献和甲骨文中都很少提到的其他政权。商通过战争、通婚，或者只是间接的物品交换，与这些周边的力量建立起程度不一的联系，共同编织出三千多年前的中国地图。

赣江东岸的一座大墓，属于与商王并存的一个政权。与深藏在地下数十米的商王陵不同，这座大墓浅埋于沙土中，近两千件各类随葬品布列在墓主身边。墓主与商王一样钟情于青铜器和玉器。他手下的匠师用石范代替商的陶范，所铸造的青铜大鼎气魄雄伟，居然与中原别无两样。商王的青铜只用于制作礼器和兵器，而江西新干大洋洲墓出土的大批青铜农具，却显示出他们对这种合金别样的认识。异与同的背后，是文化的模仿与竞争。

大洋洲墓出土的玉器品类多样，最有趣的是一件红玉雕成的羽人。头上的犄角、锐利的钩喙，显示出它与常人的不同。只可惜它空有一对腾云驾雾的翅膀，一条小小的链子就使它乖乖就范。链子是一一扣连的三个活环，与羽人皆以一整块玉雕成。工匠在链子上花的心思，远远多于羽人的眉眼。

## 金面铜人头像

商（约公元前 16—前 11 世纪）
高 48.5 厘米
1986 年四川广汉三星堆出土
三星堆博物馆藏

一个富庶的王国，将大批青铜器、玉器埋藏在广汉三星堆两个大型祭祀坑中。我们无法确定这些陌生的面孔是他们的天神、祖先，还是国王、巫师。他们制作偶像，喜爱黄金，收集象牙，与同时期的殷人有着诸多不同；他们对青铜的迷恋，对玉的痴醉，对神明的敬畏，对祖宗的尊崇，又显示出与中原文化的重重关联。

## 何尊

西周（公元前 11 世纪—前 771 年）
高 39 厘米，口径 28.6 厘米
1963 年陕西宝鸡贾村塬出土
宝鸡青铜器博物馆藏

何，一位生活在今陕西西安长安区周朝都城镐京的臣子。在铜尊的底部，一百二十二个字，字字铭心，隐藏着他本人和这个王朝的荣耀，不为一时的诵读，只为告祭父祖、传之子孙。铭文大意是:

周成王开始营建成周，并在故都祭祀武王，以求天降福佑。四月丙戌这天，成王在王宫对何说：“从前，你父亲效忠文王。文王受命于天，武王战胜了殷商。那时，曾在朝廷告祭于天，说：‘我要居住于天下之中（宅兹中国），治理万民。’啊！何，你见识尚少，但要像你父亲那样，为上天建立功勋，履行使命。要恭敬地祭祀啊！我有功德，能顺应天意，来训导你。”成王说完，赏赐给何钱币。何用来制作宝尊以祭祀父亲。这是在成王五年（公元前 1038 年）。

正是在这个时代，周公辅佐武王灭商，又辅助年幼的成王执政，制礼作乐，征乱讨逆，在洛水边经营东都成周。睡梦中的孔夫子，每每仰见这位伟大的政治家……何尊铭文也提到周初诸王，以及他们的重臣，铸造出了孔子春秋大梦的背景。

铭文中“中”“国”二字，已分别见于商代甲骨，但组合为一个词，则是首见。“中国”在这里仅指伊洛河流域的中原，面积有限，但却是天下之中。于此夏商故地，筑城作宫，雄视四方，周人多么自豪！

尊是盛酒的礼器。其浑圆的形体，本无所谓方向，但四条突出的扉棱，定义了前后左右，指向南北东西，也使得这件承载着历史的重器像“中”字一样平正。扉棱之间，各有上下两个高浮雕的兽面。这曾是商人青铜器典型的纹样，如今也更易其主。

现在，我们打开《论语》，重温孔子那句话：“周监于二代，郁郁乎文哉！吾从周。”——周借鉴了夏、商两代的文化，并加以发展，文采焕然！我遵从周朝的制度。

# 日己方彝

西周（公元前 11 世纪—前 771 年）

高 38.5 厘米，口径长 20 厘米，宽 17 厘米

1963 年陕西扶风齐家村出土

陕西历史博物馆藏

作为礼器的方彝，外形被设计成一座带庑殿顶的建筑。器身四面的兽面纹以流转的曲线构成，盖顶的兽面则变得更为抽象，加上盖沿和器底连续的鸟纹，以及转折处卷云形的扉棱，为器物端庄奇伟的造型增添了活泼清新的气息。这类模拟建筑外形的青铜器，也为研究古代建筑史提供了难得的图像材料。

方彝的盖底和内底各有十八字铭，据铭文可知，这是叫天氏的人为其亡父日己铸造的祭器。

## 大克鼎

西周（公元前 11 世纪—前 771 年）
高 93.1 厘米，口径 75.6 厘米
1890 年陕西扶风任村出土
上海博物馆藏

这件气魄雄浑的大鼎，是一位名叫“克”的贵族所作。其内壁二百九十字的长篇铭文，首先歌颂了克的祖父“师华父”辅弼王室的功绩，周王因此任命克担任大臣，出传王命，入达下情；接下来，又记载了周王对克的册命辞，重申对克的任命，并赏赐他礼服、土地和臣妾。诚惶诚恐的克叩拜谢恩，颂扬天子的美德，并铸鼎以祭祀师华父。

君的祖先与臣的祖先、君与臣的祖先、臣与臣的祖先、君与臣……种种复杂的社会关系，全都熔铸在这段铭文中。

## 曾仲斿父方壶

春秋（公元前 770—前 476 年）
高 66 厘米，口长 21.5 厘米，口宽 13.4 厘米
1966 年湖北京山苏家垅出土
湖北省博物馆藏

从西周开始，一种如波浪般上下起伏的环带纹在青铜礼器上风行。这种纹样脱胎于兽面纹，但已是眉眼莫辨，失去了原来的神秘与威严。在这件春秋早期的青铜方壶上，环带纹罗列成行，宽宽窄窄地围绕着器表上下排布，大起大落。顶部的一列，脱离了器物的束缚，片片独立，又围合成一朵绽放的莲花。花瓣内部皆镂空，轻巧灵动。花瓣和它的基座，原本应是方壶的盖，但盖顶却被省略，豁然中开，化身为一顶华美的花环。花环下部恰如其分地嵌入壶颈内，从其中央注入陈酿，秘藏了多年的味道，就会沿着花瓣的曲线，快活地向四方飘散。

壶颈内壁铸有十一字铭：“曾中（仲）斿父用吉金自作宝尊壶。”意思是，曾侯的次子“斿父”用上好的铜，铸造这件宝壶。同样的铭文还在花环内壁重复，像幽幽的回音。如此大小、造型、花纹、铭文完全相同的两件方壶，同时相伴出土，又仿佛双人的合唱。

曾国，是西周早期分封在湖北随州一带的诸侯国。国不大，文献记载不多，但很可能与周王室关系密切，甚至同属一姓。中原器物的纹样，因此在湿润的南方延续、扩散、生长。

## 牌形玉饰

春秋（公元前 770—前 476 年）
高 7.1 厘米，宽 7.5 厘米，厚 0.2 厘米
1977 年河南淅川下寺出土
河南博物院藏

云在天空中集聚、翻卷、升腾、变幻，有的像龙蛇的鳞甲，有的像凤鸟的羽冠，隐隐约约，还有神灵的眉眼。匠师回到作坊里，在这块玉片上记录下刚才天空的景象。

## 错金银龙凤铜案

战国（公元前 475—前 221 年）
高 36.2 厘米
1978 年河北平山三汲中山王墓出土
河北博物院藏

商王和周王定期祭祀天帝与祖先，目的在于一次次重申，其崇高的权力来自神授，出于纯正的血统；而战争则是不断扩展权力空间的手段。所以，时人常言“国之大事，唯祀与戎”。青铜，多用来铸造祭祀用器和兵器，是国家最高政治的体现，而贵族勋爵的荣耀与骄傲，也通过铸造青铜礼器表达出来。

这件青铜案则体现了青铜艺术的重要转向。案的底部为圆，顶面为方。圆环形底座中间原有漆木板，已朽；下部以四只温顺的梅花鹿承托，两牡两牝。圆底之上四龙四凤聚合为隆起的半球，龙首向四角抬起，又撑开疏朗的一隅。龙首之上，再以小巧的斗拱完成四十五度角的调转，以达成与案面的衔接。圆与方、藏与露、密与疏、收与放、穿插与转折、稳定与灵动，这些彼此矛盾的概念巧妙地融为一体。鹿、龙、凤以雕塑的手法表现，金、银、青铜镶嵌组合出瑰丽的色彩，四角则是对建筑构件的移用——如此一器，几乎调用了所有的造型语言。然而，这不过是案的基座，其功能仅仅在于支撑案面。已朽的案面原来可能为漆木质。如果复原回去，凭案而坐，则镂金错彩的部分将大半为案面所遮蔽，并不在主人视野中。

与铜案配套的，还有华美的灯具和屏风，其中的青铜构件也多镶嵌金银。这些贵族生活中的器用与宗教和政治关系不大，是对昂贵的材料、新奇的技术、靡丽的图像及大量的人力的挥霍，以另一种方式体现出主人地位之尊贵。

传统礼制崩坏，旧有的规矩开始松动，新的艺术形式便借着这个机会活泼泼地走来。

## 贴金猿形银带钩

战国（公元前 475—前 221 年）
长 16.6 厘米
1978 年山东曲阜鲁国故城出土
孔子博物馆藏

古人以“窃钩者诛，窃国者为诸侯”一语来形容世事不公。系结革带的小钩子当然是微不足道的小物件，但在实用之外，人们却注入百般巧思，其用材和造型千变万化，于细微处流露出种种生机。孔子故乡曲阜出土的这件银质带钩塑为一只长臂猿，多处贴金，钩背有一钉状纽，又以蓝色料珠嵌作双目，炯炯有神。

小人，你纵有歹心，又如何能捉得住它？

## 铜鹿角立鹤

战国（公元前 475—前 221 年）
高 143.5 厘米
1978 年湖北随县擂鼓墩曾侯乙墓出土
湖北省博物馆藏

青铜鹤羽翼未丰，头上峥嵘的鹿角却已显示出它非凡的灵性。出土时，旁边发现一面扁圆形悬鼓，大小与鹿角间的空间相当；鼓上的三个铜环，恰好可扣在鹿角的分叉和上翘的鹤嘴上。由此可知，立鹤是悬鼓的架座。鹤嘴右侧有铭文一行：“曾侯乙作持用终。”原来，这鼓点的首席听众是名字叫作“乙”的曾侯。

君王长眠于地下。鹤展开双翅，长唳一声，要将隆隆的鼓声载到九天之外。

## 彩绘漆鸳鸯形豆

战国（公元前 475—前 221 年）
高 25.5 厘米，口径 18.2 厘米
1975 年湖北江陵雨台山出土
荆州市博物馆藏

据说，孔子年轻时，曾担任打理账房的“委吏”和看护牛羊的“乘田”，庄子则做过管理漆树的“漆园吏”。孔子兢兢业业，庄子却漫不经心。唐人王维喜欢庄子，赋诗曰：“偶寄一微官，婆娑数株树。”婆娑一词，在这里指的是枝叶纷乱。哲人不为一物一事所累，心游八极，恬淡超逸，可怜的漆树却是了无生机。而在同一时期，其他园子中的漆树则茂盛无比。从漆树上割取的液汁，涂在木、竹或麻布等胎骨上，可制为各色器具，成为那些热火朝天的作坊中须臾不可缺少的原料。早在五千年前就已起步的漆器工艺，当此之际，一跃而走到历史的前台，得到迅速发展。大到描龙画凤的屏风，小到盛满琼浆的羽觞，皆可委之于漆艺。文采灿然的漆器，轻巧便利，成为难以抵御的时尚。幽深的黑色不显沉闷，热烈的红色未见膨胀，黑与红是这些漆器的主调；穿插其间的黄、绿、灰、白，星星点点，若有若无，是慢吟低唱的和声。历史，正从青铜的底色中走出，打开一片新天新地。

豆，是传统的器类，用以盛放肉酱之类的调味品。宴会上，侍者进奉的这柄漆豆，取形于一只酣睡的鸳鸯，来宾不由得压低了谈话的声音。即使是一位饕餮食客，又怎么忍心在这个时候开启器盖呢？

轻轻取下盖子，

看，

里面平放着三副手套，

一副质地是素面罗绮，

一副是朱色罗绮，

还有一副是信期绣细绢。

## 陶跪射武士俑

秦（公元前 221—前 207 年）
高 128 厘米
1976 年陕西临潼西杨村秦始皇陵二号兵马俑坑出土
秦始皇帝陵博物院藏

这是处在静止与运动的衔接点上的身体。辫发梳髻、身着战袍和铠甲的勇士，手中的青铜弓弩已脱落，但还保持着原有的姿势。他上身侧转，重量落在左足、右膝和右脚尖上，被压缩的身体在保持稳定、缩小目标的同时，也积聚着饱满的能量。他坚毅的目光射向远方，正在机警地等候命令，仿佛随时可以一跃而起。武士抬起的右脚跟，露出鞋底密密麻麻的针脚，这使得面面俱到的发髻、铠甲的穿孔和绦带等，变得不足为奇。

然而，这只是从秦始皇陵二号兵马俑坑一百六十件相同姿势的跪射武士俑中任意选取的一件。三个兵马俑坑，总面积达两万平方米，共发现士兵、驭手、军吏、将军俑近八千件，战车一百三十余乘，陶马近一千匹，一排排，一列列，保护着始皇帝在地下的安宁。

这三个兵马俑坑也只是陵园外城垣以外的陪葬坑，其位置在整个秦陵系统中并不显要。这座历时近四十年，动用了七十多万人——大约全国八分之一的男性劳动力——修建的陵墓，除了主墓室的封土和地宫，地上部分还包括双重城垣的陵园、寝殿和便殿等大量建筑，以及附属的陵邑；地下则有已探明的一百八十多个陪葬坑、大量的陪葬墓和刑徒墓，以及更多我们一无所知的埋藏。

我们常常基于观看的体验，采用视觉分析的方法，来讨论这些前无古人后无来者的陶俑。但是，在制作完成之后，这支规模庞大的兵团埋伏在黄土之下，两千多年来，无声无息，所有令今人瞠目的广大与精微，在过去则全然不可见。

秦始皇帝陵，挑战着我们研究中的理论与术语，也挑战着我们的想象力。

## 陶百戏俑

秦（公元前 221—前 207 年）

残高 172 厘米

1999 年陕西临潼秦始皇陵 K9901 陪葬坑出土

秦始皇帝陵博物院藏

在秦始皇陵封土东南部陵园内外城垣间发现的一处陪葬坑，平面呈凸字形。一九九九年的试掘中，出土了十一件男俑。已复原的几件头部均已残，上身赤裸，下着短裙，跣足，姿态各异。由于发掘面积有限，其性质不易判断。发掘者初步认为，陶俑可能表现了秦代宫廷中表演百戏之类杂技的人员。这些陶俑与以前所发现的军吏俑、文官俑一样，皆与真人等大。所不同的是，它们不再强调衣服、铠甲等细节，而着重塑造人体的结构与力量感，其造型之准确、生动，令人惊异。

回首此前的中国艺术史，除了在东北地区新石器时代红山文化发现过等人高的裸体女塑像的残片外，整个青铜时代，绝少见到写实风格的人物形象。战国时期的青铜器和漆器上，偶或可见剪影般的人物活动场面，形式较为简单。秦统一中国之前，秦墓出土的俑也只是粗具其形，体量不大。秦陵百戏俑的渊源尚不清晰，所体现的既是艺术表现技法的变化，更是关于人体的观念的根本性转变。令人费解的是，虽然在此后的汉俑中，也可以见到对裸体的表现，但如此大体量的作品，则是绝无仅有。

在这个天下一统、万象更新的大时代，艺术也产生了新的突破。只可惜，其兴也勃焉，其亡也忽焉，这个王朝留下了很多，也丢失了很多。

## 长信宫灯

西汉（公元前 206—公元 24 年）
高 48 厘米
1968 年河北满城陵山窦绾墓出土
河北博物院藏

这是两盏灯。第一盏在这位沉静的小宫女手中，包括座、柄、灯盘、安插蜡烛的烛钎、可以左右拉动的把手和调节灯光的翳板；第二盏灯扩展到宫女的整个身体——她举起的右臂成为灯罩和烟管，中空的躯壳吸纳烟气灰炱，以保持室内的清洁。两盏灯，以及造型、技术、修辞、情感，不露痕迹地重叠在荧荧的烛光中。

这件曾在都城长信宫使用的铜灯，几经易手，最后跟随新主人——中山王刘胜的夫人窦绾，进驻于河北满城深山的陵墓中，以其灿灿的鎏金与漫漫的长夜对抗。

# 鎏金铜马

西汉（公元前 206—公元 24 年）
高 62 厘米，长 72 厘米
1981 年陕西兴平茂陵一号陪葬冢一号丛葬坑出土
茂陵博物馆藏

“马者，甲兵之本，国之大用。”雄才大略的汉武帝为战胜北方匈奴军队，致力于组建强大的骑兵。他设法从西域获取名马，以改善马种，提高战斗力。经过改良后的马，头小颈长，胸围宽厚，躯干粗实，四肢修长，取代了秦至汉初的马种。在汉武帝茂陵一号陪葬冢附近出土的这匹鎏金铜马，通体金光烁烁，英俊健美，正是当时名马的典型形象。

## 四神纹玉铺首

西汉（公元前 206—公元 24 年）
高 34.2 厘米，宽 35.6 厘米，厚 14.7 厘米
1979 年陕西兴平茂陵附近出土
陕西历史博物馆藏

---

铺首是门扉上用以固定门环的构件，多以金属制作，而这件铺首却以玉制成。但是，漂亮的青玉，如何能承受长年累月的拉力？青龙、白虎、朱雀、玄武，原是代表四方的灵物，为什么在欢快地舞蹈，以至偏离了本来的方位？怒目利齿的兽面，要时时提防门外邪恶的力量，但其眉目之间，怎么流露出几分柔情？远离了实用的功能，种种规矩便溶解在了艺术的浪漫之中。

## 玉羽人奔马

西汉（公元前 206—公元 24 年）
高 7 厘米，长 8.9 厘米
1966 年陕西咸阳新庄出土
咸阳博物院藏

从帝王到平民，长生不老、升入仙境，成了这个时代许多人的理想。这件玉雕出土于西汉元帝渭陵西北、王皇后陵东一处建筑遗址，可能原是宫廷中的物品。骏马肩生双翼，应为传说中的“天马”。骑马者面容消瘦，双耳耸立，生毛带翼，是人们心目中的仙人形象；而洁白晶莹的玉色，恰好与仙人“肌肤若冰雪”的传说相合。

飞升，是这件作品的主题。然而，雕塑有其本身的重量，作为摆件，它必须稳定地安置于几案。为了处理这个棘手的矛盾，玉工不得不在底部增加一个平板。平板多处高起，与马蹄、马尾相连，起到实际的支撑作用。这些高起部分均雕作云头，表明仙人和天马已跃入苍穹。拿起玉雕，倒过来看，平板的底部也细细雕刻出漫卷的流云，可见玉工用心之苦。

## 双层九子彩绘漆妆奁

西汉（公元前206—公元24年）
高20.8厘米，直径35.2厘米
1972年湖南长沙马王堆一号墓出土
湖南省博物馆藏

解开带着“信期绣”花纹的绢质包袱，是一只直径一尺多的圆形漆奁。轻轻取下盖子，看，里面平放着三副手套，一副质地是素面罗绮，一副是朱色罗绮，还有一副是信期绣细绢。这个装饰着“长寿绣”纹样的绢袋，是包裹铜镜的“镜衣”。旁边是一条丝绵絮巾和一缕组带。

咦？下面还有一层隔板。取出隔板，一、二、三、四……是九只安静的小奁！

圆形的小奁有四只，来，试着逐一打开。大号的装着一束假发和一块丝绵。中号的有两件，一件盛一些油状的东西和丝绵粉扑；另一件盛一些粉状的东西，也配有一只丝绵粉扑。小号的盛放的是胭脂。

马蹄形的小奁装着两件梳子和两件篦子，梳子似是象牙做成，篦子好像是黄杨木质。

还有两件椭圆形的小奁，它们都盛有一些白色的化妆品。

最后是两件长方形的小奁。较长的一件，盛有两页细竹条编的小帘子，双面夹绮，四周以绢包边，中部丝带上有些针孔，可知是用来插针的“针衣”。其中还有两个叫作“茀”的小刷子。较短的一件盛油状的化妆品。

我们已经叫不出很多东西的名字，它们是礼物，是名牌，或是当地特产，或来自远方，每一件都包含着一个再也无法复原的故事。

不再说一下大奁小奁的材质、工艺和纹样？

嘘，楼下有脚步声。快合上，收起来，女主人来了！

## 云鸟纹漆盘

西汉（公元前 206—公元 24 年）
高 5.5 厘米，口径 25.8 厘米
1992 年湖北江陵高台出土
荆州市博物馆藏

鸟儿收起双翼，在流转的云气间悠然漫步。一枚漆盘，容纳了地，容纳了天。

## 银盒

西汉（公元前 206—公元 24 年）
高 12.1 厘米，腹径 14.8 厘米，重 572.6 克
1983 年广东广州象岗山赵眜墓出土
西汉南越王博物馆藏

从山东青州和淄博，经江苏盱眙、安徽巢湖，到广东广州，连成一条长长的曲线，大致与中国的海岸线吻合。这些地点先后出土的六件精巧的银盒，盖面与盒身上下对称，周壁皆是捶揲而成的正反相间的水滴状花瓣，年代大致在公元前二世纪。所谓捶揲，即用一柄小锤，无数次敲敲打打，使银块延展出各种厚度均匀的造型。这几件银盒的形制、技术，与波斯和地中海沿岸古代国家的银器风格极为接近。云南江川和晋宁还出土了五件形制与银盒相同的青铜盒，但却用中国传统的内外范浇铸而成，其制造时间略晚。许多研究者推断，银盒是从海路输入的舶来品；也有人认为，有些是中国内地对外来器物的仿制。无论如何，谁都无法否认这种造型特别的小盒子与域外关系密切。汉代人嫌这种造型不够完美，又在盖顶焊接了三个青铜小纽，在底部加上青铜足。

这件银盒从广州西汉南越王赵眜墓出土时，装有半盒药丸。难道是传说中昆仑仙山上西王母的“不死之药”，竟需要保藏在如此奇异的容器中？

## 玉角杯

西汉（公元前 206—公元 24 年）
高 18.4 厘米，口径 5.8 厘米至 6.7 厘米
1983 年广东广州象岗山赵眜墓出土
西汉南越王博物馆藏

用青黄色的玉料刻成一件形如犀角的杯，口沿下又浅浅雕出一条独角的龙，龙体化作勾勾连连的云，温柔地沿着杯壁环绕、环绕……孰料龙尾在杯子的末端猛然甩出，变幻成立体的云朵；原本锐利的角尖，也消失在这片云朵里。

## 牛形错银铜灯

东汉（25—220 年）
高 46.2 厘米，长 36.4 厘米
1980 年江苏邗江甘泉刘荆墓出土
南京博物院藏

汉代灯具花样繁多，新意迭出。这盏灯被安置在一头黄牛的背上，黄牛弯颈侧首，双角直立，神气毕现。灯盘上插有双层翳板为灯罩，转动把手，开合翳板，可调节光的强度和角度。烟炱通过弯曲的烟管通入铜牛中空的体内，牛体内盛水，以溶烟尘。粗大而中空的烟管称作“釭”，它径直连接在牛头上，形成一条有力的弧线，不仅没有蛇足之嫌，反而像是牛的另一只犄角，强壮有力。灯管连接灯罩的一端为半球状，球面上以银嵌错出花瓣，使得灯罩像一朵倒挂的莲花，颇具巧思。牛体遍布错银云气纹及多种祥禽瑞兽，如有灯烛的辉映，想必更为光彩夺目。

## 神兽纹玉樽

东汉（25—220 年）
高 10.5 厘米，口径 0.5 厘米
1991 年湖南安乡黄山头林场南禅湾西晋刘弘墓出土
湖南省博物馆藏

汉代有一种反复酿造的酒，味道酽冽，色泽清纯。如此上等美酒，在宴会中需使用筒形的樽来盛放。这件东汉时期的樽以整块玉做成，外面雕刻西王母和各种神仙异兽。在两汉许多地区，居住在昆仑山上的西王母是民间信仰中最为尊贵的神明，人们相信她手中掌握着不死之药。据说汉文帝有一只玉杯，上有铭曰“人主延寿”，不知这件玉樽中的琼浆能否也使主人长生不老？樽的形体较小，容量实在有限，但可能正因为少，其中的酒才更为名贵。

这样一件宝物，在世间流传了一两百年后，随葬在西晋名将刘弘的墓穴中。刘弘出身世家，与晋武帝司马炎少时一同住在洛阳永安里，二人同岁，又是同窗。他在与北方少数民族的战争中颇有战功，被封为宣成公，后迁南蛮校尉、荆州刺史、车骑将军、镇南将军等职。出土时，樽内发现少许残留的墨迹，很可能在刘弘或更早的时候，玉樽曾被用作笔洗之类的文具。原有的习俗和信仰消失了，但美好的容颜未改。

## 陶执臿农夫俑

东汉（25—220年）
高83厘米
1957年四川新津出土
四川博物院藏

在汉代这个成熟的农业社会，田连阡陌、桑麻绕宅是许多人的梦想。这件农夫俑是为墓主在另一个世界所准备的劳动力。这位憨厚的汉子右手执臿，左手执箕，腰佩长刀，脚板粗大，既是依附于豪强的自耕农，也是保护庄园的武装力量。陶俑为模制，在翻制过程中，人物五官的细部被“柔化”，轻松的表情中充溢着乌托邦式的田园温情。

## 陶击鼓说唱俑

东汉（25—220 年）

高 55 厘米

1957 年四川成都天回山出土

中国国家博物馆藏

---

这位身材极为短小的人，是豪门中专门表现滑稽节目以供主人娱乐的乐工。他赤裸上身，下穿长袴，肚皮凸出于袴腰之上。讲到精彩处，他舌头半吐，额上泛起皱纹，手之舞之，足之蹈之。精彩的瞬间，被一位敏感的工匠用眼睛扫描，用泥土 3D 打印。唱词的韵脚、击鼓的节奏，都完整地录制在表情和肢体中，其声其情，至今一如从前。

但不知这夸张的笑容深处，是否有着自由的心跳？

## 井盐画像砖

东汉（25—220 年）
高 46.7 厘米，宽 40.8 厘米，厚 7 厘米
1954 年四川成都扬子山出土
四川博物院藏

一块块方砖纵向立在四周，筑成墓室的墙壁。一幅幅图画用模具印在砖面上，如同打开一扇扇窗口。生前曾经拥有和未能拥有的一切，全都凭借这些窗口进入主人的春秋大梦。

墓主希望死后拥有一座豪华的庄园，前前后后的山岭都是他的财产。从这一扇窗子望去，禽兽麇集、草木丰茂的深山里有一口盐井。站在井架上的人们，用咿咿呀呀的滑车将盛满盐卤的皮囊从井中提出。卤水哗啦啦倒入井边的池里，又顺着节节相连的竹筒，穿过一道山岭，注入一口口盐锅。盐灶如长龙般俯卧在山坡上，火舌噼噼啪啪顺势上升。煎盐的人连声催促，两位樵夫不得不加快脚步。

一幅风景画，因为有了人而生动；因为生动，而遮蔽了冰冷的死亡。

## 陶仓楼

东汉（25—220 年）
高 185 厘米
2008 年河南焦作李河墓区出土
焦作市博物馆藏

古墓中多随葬各种美食。汉代人还常常在墓壁上图绘粮仓，有的附有题记，曰：“此上人马皆食太仓。”“太仓”又作“大仓”“天仓”，其含义言人人殊，但不管如何解说，都是指粮仓，或在人间，或在地下，或在天上。不管走到哪里，粮食问题总是挥之不去。

这座奉献给死者的陶仓楼，只是一个缩微的模型，如同搭建积木一样组装而成，却极尽奢华之能事。一高一低两座楼阁错落有致，以凌空的阁道相连属，上上下下门户洞开，鳞次栉比，富丽的彩绘鲜艳夺目。本是高等级建筑才能使用的斗拱，却被反复地施加于这座陶仓楼上。由于材质被置换，这些斗拱不再是一种技术性、结构性的部件。斗、拱、升穿插关联，玲珑剔透，如一朵朵盛开的花儿，令人迷醉。主楼的门前，走来一位背负粮袋的人，粮食装得太满，压得他腰弯背驼，步履维艰。

陶仓楼层层抬升，让人联想到积粟重重，取之不竭。有的陶仓楼顶部装饰各种鸟兽和仙草，汉代人相信“仙人好楼居”，高耸入云的华屋，说不定也会招来各路神仙。神仙们吸风饮露，不与主人的肚皮争食，而是引导他们的灵魂步入另一个天地。

关于粮食的艺术，动力来自对饥饿的恐惧。关于仙境的想象，战胜了令人绝望的死亡。

## 虎噬牛铜俎

西汉（公元前 206—公元 24 年）
高 43 厘米，长 76 厘米
1972 年云南江川李家山出土
云南省博物馆藏

位于云南滇池一带的古滇国，大约形成于公元前六世纪中晚期。在本地传统的基础上，滇文化吸收中原元素，发展出独具特色的青铜艺术。

这件铜俎是滇青铜器中最具代表性的一例。宽厚的牛背用作俎面，突出了牛善于任力负重的能力。直立的牛腿借为铜俎的四足，是对艺术形象和器物结构之间同质性的发现。极度收缩的底部，与顶部富有统摄力的长弧线，形成强烈的对比，使得器物产生飞升的动势。大牛前半身极为逼真，但腹下廓然洞开，一头小牛垂直贯穿，构成十字形的交叉。伏虎利齿撕咬着大牛肥厚的臀部，充满戏剧性冲突。虎的形体明显经过了缩小，大牛突出的犄角与之构成视觉上的平衡，捕食者未必强，为肉者不言弱。

滇的青铜器多见写实的动物形象，但这件铜俎的风格已不能简单地用“写实”来概括。作者在具备了极强的造型能力之后，却不被动地抄袭自然，而是勇敢地跳出固有法则，大破大立，大开大合，使得这件器物充满令人血脉偾张的力量。

牛在滇国是祭祀中最重要的牺牲，俎用以切肉献祭。置于案上的血食与牛的艺术形象之间，又形成另一种摄人心魄的张力。

# 铁马
# 菱舟

忍冬的叶子嫌花瓣的队列太齐整，
追随着波浪，
从花瓣的缝隙间跑过，
被惊扰的鱼儿逃得无影无踪。

## 青釉羊尊

三国·吴（222—280 年）
高 25 厘米，长 30.5 厘米
1958 年江苏南京清凉山草场门甘露元年（265 年）墓出土
南京市博物馆藏

---

江南水乡的瓷器，在三世纪得到较大的发展，其釉色以青色为基调，厚度均匀，造型也多姿多彩。远古的陶器和商周的铜器已常见将器身塑造为动物形象的做法，但这件羊形尊却有别样的风致。卧伏的姿态、圆润的形体、简洁的装饰、晶莹的釉色，全都与绵羊温顺的天性浑然一体。羊头上有一圆孔，用于插物。仔细再看，它还有一对小小的翅膀。还真别低估它，说不定哪一天，它也会凌云而去。

## 青釉蛙形水注

三国·吴（222—280 年）

高 6.5 厘米，口径 2.5 厘米，底径 4.5 厘米

征集

南京市博物馆藏

---

书房靠近初夏的池塘。灯下，取七八支新简。将水注中的水倒几滴在砚面上，持墨轻轻研磨，借机默诵一遍清晨读过的古诗。

一只迷路的青蛙穿窗而入。少年抬头看时，青蛙一跃，隐藏到砚边青色的水注中。

陆游的书房中也有一只水注，造型为蟾，是蛙的近亲，时人称之为“砚蟾”。不过，时节已到了初冬。诗人难眠，得句曰：“水冷砚蟾初薄冻，火残香鸭尚微烟。”香鸭，是指鸭形的香炉。吟到此处，天已放亮。

千年百年，读书人有多少个不眠的夜晚?

## 铜奔马

西晋（265—317年）
高34.5厘米，长45厘米
1969年甘肃武威雷台出土
甘肃省博物馆藏

骏马从飞鸟的上方掠过，一只马蹄轻轻触点在鸟背上。我们可以从鸟儿展开的双翅联想到无垠的天空，从骏马与飞鸟的关系感受到风驰电掣的速度。至于作者对物体重心的精确把握，则完全隐藏在巧妙的构思和完美的造型里，不露一丝痕迹。

这件著名的文物出土于甘肃武威雷台墓。该墓原定为东汉时期，但根据近年来对墓中随葬铜钱的进一步研究，学者们将其年代改定为西晋。当然，这一新的认识并不影响铜奔马的历史价值和艺术价值。

## 青釉香熏

西晋（265—317 年）

高 19.5 厘米，球径 12.1 厘米，盘径 17.5 厘米

1952 年江苏宜兴周墓墩出土

中国国家博物馆藏

三只小熊托着圆形的平盘，又三只小熊托着球状的炉身。炉身镂空，一层三角，再一层三角，又一层三角，层层叠叠，渐渐变小，徐徐上升。是什么引来一只羽翼未丰的小鸟，摇摇晃晃地栖落在香熏的顶部？

是草色的青釉，是袅袅的烟云，还有高士悠扬的琴声。

## 金步摇冠饰

西晋（265—317 年）
高 17.8 厘米
1989 年辽宁朝阳田草沟出土
辽宁省文物考古研究所藏

战国楚人宋玉在一篇赋中写道，他路投一人家，见主人之女“垂珠步摇”。东汉皇后的“谒庙服”，以及行亲蚕礼时的服饰，也都包括头上佩戴的金步摇。东汉刘熙说，所谓步摇，指“上有垂珠，步则摇动也”。然而早期的步摇，只在文献中留下一个闪闪烁烁的影子。

步摇的实物集中发现于辽西慕容鲜卑的墓葬中，但也只是步摇冠顶端的饰物。辽宁朝阳田草沟所出土者，是比较典型的一件。透雕有云纹的基座称作“山题”，其上生出的花树枝干峥嵘，三十多片桃形摇叶悬缀枝上，累累若若，熠熠生辉。该墓骨架保存不佳，从同时出土的耳环、指环、金钏判断，墓主可能为女性。但在同时期的男性墓中，也出土过步摇冠饰，可知并非为女性所专有。

花树形的步摇冠饰，起源于中亚、西亚。在顿河下游新切尔卡斯克，即《史记》中提到的“奄蔡”，一座公元前二世纪的女王墓出土的金冠上，有两株金树。在阿富汗北部公元一世纪大月氏人的墓中，也有树木形的冠饰。随着大月氏等民族的迁播，这种华丽的头饰被带到中原和北方，与中国传统的垂珠步摇相汇合，并袭用了汉文中“步摇”的名称。甚至有文献提到，“慕容”一名，即由“步摇”二字音讹而成。

在中原和南方地区，外来的步摇被纳入了中国服饰的等级系统。目前已有一些金步摇饰片零零星星地出土，但尚无法复原其完整的形态。从辽西出发，步摇还继续传播到朝鲜半岛，并远渡东瀛。在那里，更有一些完整的步摇冠被发现。

从西亚到东亚，从草原到江南，那些摇摇曳曳、明明灭灭的金玉珠贝连缀起来的，是一部文化交流的历史。

## 鸭形玻璃水注

十六国·北燕（407—436 年）
长 20.5 厘米，腹径 5.2 厘米
1965 年辽宁北票西官营子村冯素弗墓（415 年）出土
辽宁省博物馆藏

玻璃制造始于公元前两千年的西亚与埃及。从战国早期开始，一些彩色玻璃珠就辗转流传到中国。这些深蓝色小珠子镶嵌在天蓝色的基体上，外缘有赭石色的圆圈，俗称“蜻蜓眼”。将出土蜻蜓眼的地点连起来，就构成了一条漫长的路线，贯穿埃及的卢克索、美索不达米亚的古巴比伦城、伊朗的德黑兰、乌兹别克斯坦的塔什干、哈萨克斯坦的阿拉木图，再从新疆伊犁河流域，向东至哈密，经内蒙古西北草原道，穿过居延泽、黑水城，过阴山，到达中原，甚至南下抵达湿润的云梦泽。汉代以后，一些玻璃器皿也开始传入中国。这些脆弱的器具，或穿过大漠绿洲，或劈开万里波涛，到达目的地时，十不存一，身价远比黄金珍贵。

五世纪早期，中国北方各政权正陷入对立和冲突之中，一件鸭形玻璃水注却摇摇摆摆地走过北方丝绸之路的草原道，悄然落脚在辽西慕容鲜卑所建的龙城，成为北燕天王冯跋之长弟、宰相冯素弗的收藏。水注采用了无模具的吹制技术，呈淡绿色，透明，外有白色风化层。其扁嘴张开，尾巴细长，鼓腹。颈部的三角纹、背上的双翅，以及腹下部表现双足的折线，则是在主体成形后，再从炉中挑出玻璃料拉条，在冷却前缠绕而成。其腹底粘玻璃饼，以便于平置。此器属于西方系统的钠钙玻璃，制作技术也与罗马玻璃相同。水注重心在前，仿佛要俯身饮食；充水至半时，其后身加重，头颈自然抬起，身体变得平稳。至于有人从这种颇具机巧的设计，说起孔子所见“虚则欹，中则正，满则覆”的“欹器”，则只能视作一种有趣的联想了。

## 石兽

南朝·齐（479—502 年）
残高 220 厘米，长 270 厘米
江苏丹阳田家村景安陵（493 年）前

宋、齐、梁、陈，这些在寒门手中更迭的政权偏居江南，内部争斗纷纭，版图不断缩小，恢复中原的残梦越来越难以延续。但是，皇室却建立起比北朝更为完整的陵墓石刻制度，以显示其正统性。在今南京、丹阳一带的山坳水田间，南朝皇帝和宗室王侯的陵墓班班可考者三十余处，均依山而建，陵前开阔处设神道，神道左右立成对的石兽、石柱、石碑，遥遥呼应着东汉墓葬的传统。

石兽用整块巨石雕成，体制巨大，高三至四米，有天禄、辟邪、麒麟、符拔等不同的名称，应是将狮子一类的动物加以神化而成。早期的石兽较为简朴浑厚；中期的身姿雄健，富有动感；到晚期则比例失度，缺乏生机。风格的变化似乎可以反映出不同时期国力的兴衰。丹阳田家村现存两石兽，东西相距六十八米，南向。西侧的这尊石兽独角，身躯的曲线如波浪汹涌，带领着头、颈、尾和四肢一起跃动。细腻华丽的毛发，更在这蓬勃激越的律动中增加了瑰伟奇诡的色彩。其肩部的羽翼以浮雕技法刻出，对比石兽整体的动势，倒是显得可有可无。有论者认为这对石兽属齐武帝萧赜的景安陵。

史载萧赜在位的十余年里，勤于政事，厉行节俭，并与北魏通好，“百姓无鸡鸣犬吠之警，都邑之盛，士女富逸，歌声舞节，袨服华妆，桃花绿水之间，秋月春风之下，盖以百数”。然而，神道深处的墓室已不复存在，其主人难以进一步验证。黍离麦秀，沧海桑田，是耶非耶，都已模糊在一片烟雨之中。

## 青釉莲瓣纹盖罐

南朝（420—589 年）
高 28 厘米，口径 15 厘米，足径 16 厘米
1994 年江苏泰州市海陵区出土
泰州市博物馆藏

上层的花开了，中层的花开了，下层的花开了。忍冬的叶子嫌花瓣的队列太齐整，追随着波浪，从花瓣的缝隙间跑过，被惊扰的鱼儿逃得无影无踪。

雨过后，浓浓淡淡，天地全是一色的青。

## 陶供养人头像

北魏（386—534 年）
残高 7.8 厘米
1980 年河南洛阳永宁寺塔基遗址出土
中国社会科学院考古研究所藏

拓跋鲜卑所建立的北魏政权自平城迁都洛阳之后，继续支持佛教的发展。熙平年间（五一六年至五一八年），掌控朝政的灵太后胡氏在洛阳城内太社以西建永宁寺，寺中心有九层木塔。时人杨衒之称，永宁寺塔“举高九十丈，有刹复高十丈，合去地一千尺。去京师百里，已遥见之”。此说虽可能有夸大的成分，但该塔无疑是城内最高的建筑。胡太后将这座穷极土木之壮的高塔看作自己权力的象征。神龟二年（五一九年）八月，她不顾群臣反对，在“容像未建”的时候就登上永宁寺塔，“视宫内如掌中，临京师若家庭”。武泰元年（五二八年），叛将尔朱荣将胡太后沉于黄河。永熙三年（五三四年），永宁寺塔遭雷击焚毁，大火经三月而不灭。

如今，我们只能根据文献记载和考古学家对塔基的发掘，遥想这座见证了北魏晚期多个重大事件的高塔之宏壮。塔基出土了一千五百六十多件泥质彩塑残块，包括佛、菩萨、弟子和供养人的形象，可能属于安置在塔上的一组表现贵族礼佛题材的群像。这些塑像比例准确，细腻精美，代表了当时雕塑艺术较高的水平。

## 石雕胁侍菩萨像

东魏（534—550 年）
残高 36 厘米
1996 年山东青州龙兴寺出土
青州博物馆藏

青州龙兴寺出土的成百上千的佛教石造像残块，百分之九十以上是北朝晚期遗物，少量属于唐代和宋代。这些造像可能在中古时期大规模的灭佛运动中受到破坏，但其碎片却被小心翼翼地保存，到宋代才按照特定的宗教仪式掩埋。

破坏造像，所攻击的不仅是一种炫目的视觉形象，更是其内在的宗教力量。而在信众心目中，佛像是佛陀的化身，佛像的损毁，令他们联想到佛的涅槃。一场劫难犹如一场烈火，火焰熄灭后，千百块碎片依然坚硬，如同舍利一样，充满灵力。它们不仅是一种象征性符号，更是一种圣物。他们修复造像，试图恢复其完整的形象，以维护其神圣性。对于那些过度破损而无法再次修补的造像，则将其碎片悉心保存，并择时郑重地加以瘗埋。他们甚至幻想，当某种机缘到来时，那些失落的莲花座、背光、佛头会重新聚合在一起。聚合，意味着重新拥有力量，也意味着一个新时代的到来。

这件菩萨像的贴金脱落了，彩绘褪去了，只有微笑永恒，仿佛什么都未曾发生。绚烂的花冠、华贵的璎珞、美丽的天衣，都因为这张生动的脸而黯淡无光。

## 彩绘石雕菩萨像

北齐（550—577 年）
高 136 厘米
1996 年山东青州龙兴寺出土
青州博物馆藏

上古时期，中原地区缺少偶像崇拜的传统。人们在礼器制作上花费大量心力，却很少直接绘塑祖宗和天帝的形象。以“像教”为特征的佛教传入之后，心灵深处的神明变得昭昭在目，中国人开始用新的方式想象和构建彼岸世界。与深奥的佛经相比，造像以其尽善尽美的视觉形象，直指人心，吸引和感化着那些不能阅读的人。造像是各种仪式的核心，而制作造像，也成为信众功德的体现。多种佛经强调，出资造像的人可获得福报；而一位善于制作造像的匠师，本身就是天人的化身。

匠师们既熟悉石头的性格，又掌控了所有的艺术语言。这尊菩萨像首先出自雕塑家的斤斧，却全然不见考击斫凿的痕迹，我们只看到端庄清秀的眉目、富有弹性的指尖、柔软舒滑的帔帛、累累叠叠的璎珞。丹青妙手随类赋彩，又在造像上施以耀眼的贴金，以及朱砂、石绿、赭石、石青等颜色，虽历经时光的洗刷，仍斑斑可鉴。石头的坚硬与冰冷被剔除、遮蔽，留下的是圣洁与恒久。

## 青釉仰覆莲花尊

北朝（386—534 年）
高 63.6 厘米，口径 19.4 厘米
1948 年河北景县封氏家族墓出土
中国国家博物馆藏

战争造成了南北的分裂，但这种华美的器物却在南北两地同时制作，文化的力量超越了政治与军事的对立。与南朝青瓷莲花尊的秀美不同，这件北朝的产品更为粗放浑朴，显露出北方民族特有的气质。

## 黄釉瓷扁壶

北齐（550—577 年）
高 20 厘米，口径 6.4 厘米
1971 年河南安阳范粹墓（575 年）出土
河南博物院藏

盛放美酒的扁壶仿自游牧民族马背上的皮囊，宴会中的乐舞印在壶身两侧——中间一人跳起胡旋舞，乐手们弹琵琶、击钹、吹横笛，又有一人高举双手，打着欢快的节拍。这个小型歌舞团的成员来自遥远的西域，皆深目高鼻，清一色的窄袖长衫、腰带和高筒软靴。猜一猜，那些正在畅饮的观者又是谁？

同样的扁壶在北齐范粹墓中出土了四件，均为一模所制，两侧的画面相同。洛阳也发现过相似画面的瓷壶。大量的复制，使这些原本新奇的器物、图画和乐舞变得平平常常，秦皇汉武留下的深沉中，也融入了活泼明丽的颜色。

## 镶嵌珠宝金饰

北齐（550—577 年）

残长 15 厘米

1981 年山西太原王郭村娄叡墓出土

山西博物院藏

---

北齐并州刺史东安王娄叡是权倾一世的外戚，其阴宅规模宏大，墓室、墓门、甬道、墓道的墙壁上，漫天漫地，全是色彩如新的壁画——端坐在帷帐中的墓主夫妇、伞扇联翩的仪仗、勤谨忠诚的属吏、出行与归来的驼马……这个王朝的绘画史不再是一片空白。

大墓在历史上屡屡被洗劫，但仍出土较多随葬品。考古学家在一个盗洞下发现的这枚残断的金花饰片，应是慌乱的盗贼离开时，怀中金冠上脱落的构件。镶嵌在上面的珍珠、玛瑙、蓝宝石、绿宝石和玻璃早已纷纷散去，也好，让我们看见了这黄金的底色。一朵朵正面的、侧面的莲花，各种无以名状的花草，分解开来，是长长短短妙曼的曲线，是金珠、金丝、金片。

纵然有繁复的花样、精巧的工艺、昂贵的材质、无上的尊贵，能留下的，也不过是这碎片的碎片，鳞爪的鳞爪。

## 鎏金银胡瓶

5—6 世纪

高 37.5 厘米

1983 年宁夏固原深沟北周李贤夫妇墓（569 年）出土

固原市博物馆藏

慢慢旋转造型奇特的胡瓶，三千多年前的浪漫与风云一一映入眼帘：正面居中，特洛伊王子帕里斯将金苹果递给爱神阿芙洛狄忒。左侧，帕里斯在爱神帮助下诱拐希腊最美丽的女子——斯巴达王后海伦，由此引发的战争悲剧则没有登场。转到右侧，海伦已回到丈夫墨涅拉俄斯身边。这个古老的爱情故事，特洛伊城的不幸命运，以及那些无畏的年轻战士，曾因荷马的诗篇在欧罗巴传唱千古，谁曾料到竟跨越迢迢山水，出现于遥远东方。

有的研究者认为，这件鎏金银胡瓶是中亚波斯萨珊王朝工匠模拟希腊图像的产物，或是出自萨珊旧属大夏地区受希腊影响较深的工匠之手。至于在辗转的过程中，又发生过多少故事，人们已难以说清。

爱情和醇酒，天生如影随形。擎起胡瓶，让琼浆尽情倾泻于杯中，弥漫开来的不仅是酒香，也有来自遥远国度暗涌的情愫。

马的影子深深定格在银壶两面，
它听不到动地而来的渔阳鼙鼓，
也完全不知马嵬坡下的故事，
依然保持着张说笔下盛世的姿态。

## 鎏金仕女狩猎纹八瓣银杯

唐（618—907 年）

高 5.4 厘米，口径 9.2 厘米，足径 4.2 厘米

1970 年陕西西安何家村出土

陕西历史博物馆藏

巧匠何稠，是中亚富商的后裔，其故乡在乌兹别克斯坦撒马尔罕与布哈拉之间。梁元帝承圣三年（五五四年），西魏攻陷南梁江陵，何稠随担任梁国子祭酒的叔父何妥来到长安。他在北周和隋担任过多种职务，负责制作工艺品和舆服羽仪；入唐后，又任将作少匠。在各个朝代的政治风云中，何稠游刃有余，依靠的是巧思过人、用意精微的技艺。

鎏金仕女狩猎纹八瓣银杯，很可能就是像何稠这样一位有着域外文化背景的匠师与内地同行切磋、争论、妥协、合作的产物。只能容下一根手指的环形柄、多曲三角形的指垫、调皮的钩形指鋬，搭建起典型的中亚粟特风格的身架，决定了使用者独特的手势；或者反过来说，是代代传承的习性，控制着这些点、线、面的位置和走向。在口沿，在足底，以及常常被食指遮挡的手柄外侧，手拉手同步跳动的联珠纹，同样闪耀着异域的光彩。七到八世纪初粟特八棱带把杯上那些坚硬的直线，已被妙曼流转的曲线取代，杯体下部的八瓣仰莲，承托着另一层高起的花瓣，如同这个时代一样，饱满坚实、痛快淋漓地绽放。

细看外壁每个花瓣上，狩猎的男子驰马臂鹰、张弓搭箭，悠闲的仕女低语奏乐、问花扑蝶。这一幅幅小小的画面，次第铺展，仿佛两套多曲画屏被拆分后，又交错组合为一体。低眉俯察杯底，波浪翻腾，从印度神话中游来了一尾长鼻利齿的摩羯鱼。周围冷静的山石，却是一派唐风。

没什么好奇怪的，子曰：君子和而不同。

## 鎏金鹦鹉纹提梁银罐

唐（618—907 年）
高 24.1 厘米，口径 12 厘米，底径 14.4 厘米
1970 年陕西西安何家村出土
陕西历史博物馆藏

---

材料、工艺、质感、色泽、形状、纹样……一切都是盛唐的标配，无须我的文字来描述。从折枝花间的鹦鹉，我想起白乐天的一首小诗，说的却是这器物旁边人的容颜——

陇西鹦鹉到江东，养得经年嘴渐红。
常恐思归先剪翅，每因喂食暂开笼。
人怜巧语情虽重，鸟忆高飞意不同。
应似朱门歌舞妓，深藏牢闭后房中。

## 鎏金舞马衔杯纹银壶

唐（618—907年）

通高14.8厘米，口径2.3厘米，腹长径11.1厘米、短径9厘米

1970年陕西西安何家村出土

陕西历史博物馆藏

---

八月五日的千秋节，是唐玄宗的生日。每到这一天，朝廷都要在兴庆宫勤政楼下大宴宾客。百匹盛装的舞马分列左右，玄宗给它们取了名字，或曰“某家宠”，或曰“某家骄”。在《倾杯乐》的伴奏下，舞马奋首鼓尾，纵横应节。堂中又设三层床板，舞马跃上，旋转如飞。舞到高潮时，有壮士将床板和舞马一并举起，宾主觥筹交错，颠倒沉醉。宰相张说亲临其盛，留下多首咏舞马的诗，其一写道：

> 圣皇至德与天齐，天马来仪自海西。
> 腕足徐行拜两膝，繁骄不进踏千蹄。
> 髬髵奋鬣时蹲踏，鼓怒骧身忽上跻。
> 更有衔杯终宴曲，垂头掉尾醉如泥。

现场少不了流漫陆离的器具。一件马背上的皮囊壶，从草原长途跋涉，来到长安，为拿到一张入场券，不得不化身为银质。粗糙的壶身因此变得光亮可鉴，映照出舞马的身影。

如此的盛宴年复一年，不知甲子。一匹马的影子深深定格在银壶两面，它听不到动地而来的渔阳鼙鼓，也完全不知马嵬坡下的故事，依然保持着张说笔下盛世的姿态。有一位前朝老臣还记得它的名字——杨家骄。

## 葡萄花鸟纹银香囊

唐（618—907 年）
外径 4.6 厘米，金香盂直径 2.8 厘米，链长 7.5 厘米
1970 年陕西西安何家村出土
陕西历史博物馆藏

---

小链子轻轻摆动，羽光花影凌凌乱乱。纵有枝间叶隙的玲珑剔透，香囊中的世界也是一片模糊。真担心锁在其中的香料早已狼藉不堪！

唤停佳人的纤步，稳住香囊，从侧面轻启银钩，剖开外层的圆球，才得见内部的种种机关——两层双轴相连的同心圆平衡环，各个部件两两活铆，彼此联动，适时调节，中央半圆的香盂，重心坚定地指向地面。燃香的火星丝毫没有外散，香灰也沉静地安睡在盂中。一切都是杞人忧天。

公元四世纪前后辑成的《西京杂记》一书，记西汉长安城中有位名叫丁缓的巧工，制作了一种可放置在被褥中的香炉，“为机环转运四周，而炉体常平”。该书多搜神拾遗，未必是西汉长安的实录，所谓被中香炉，很可能出自想象。但是，在唐人的长安，昔日异想天开的梦境，却变得真真切切、盈手在握。

## 凤鸟衔枝鎏金银钗

唐（618—907 年）

钗头高 9.8 厘米、宽 16.9 厘米，钗脚长 10.2 厘米

2003 年陕西西安长安紫薇花园出土

陕西省考古研究院藏

钗是双股的约发用具，最早出现于春秋时期。或斜插在鬓边，或取复数，在高耸的云髻上插为一排。细心梳理的发髻，本已是美好的造型，金、银、玉等材质的钗，又在乌黑的底色上增添了星星点点的跃动，更使得佳人顾盼生辉。

唐时的钗，在实用之外又注重装饰。这枚钗出土时，钗头与钗脚已断裂为二。我请教了主持发掘的考古队队长，从他提供的现场照片看，钗头正面向前，钗脚垂直焊接在钗头背面。三角形的钗头上，双凤华美的尾羽层层展开，不免令人眼花缭乱。借助局部的鎏金，我们才可分辨出哪里是花，哪里是鸟。

到了宋代，这钗头的凤凰又化为词牌名。然而，说到“钗头凤”，人们却只记得陆游的作品。字字句句，全是悔，全是恨，模糊了花与鸟，模糊了金与银。

## 鎏金铜塔

唐（618—907 年）
高 53.5 厘米，座宽 28.5 厘米，刹高 23.5 厘米
1987 年陕西扶风法门寺地宫（874 年）出土
法门寺博物馆藏

中文“塔”字来源于巴利语 thūpa，梵文作 stūpa，音译为窣堵波、浮屠等，其本义为坟墓。古印度的窣堵波为半球状，空用以瘗埋佛涅槃火化后所得的舍利。在公元前流行的小乘佛教排斥偶像崇拜，塔作为替代品，在礼拜仪式中引导人们去思慕佛的伟大。公元一世纪后，大乘佛教流行，印度西北犍陀罗地区造像大盛，出现了专门用于供奉佛像的佛殿。有的在结顶处装刹，内部安放舍利，具有窣堵波和佛殿的双重性质。

传入中国的佛塔，与传统的楼阁等建筑结合在一起，顶部加刹。这件鎏金铜塔出土于唐咸通十五年（八七四年）正月封闭的扶风法门寺地宫，原置于前室的一座石塔内，各部件被拆解安放，复原后为一座仿木结构的方亭，直栏横槛，瓦缝参差，皆历历在目。绝大部分唐代土木建筑早已灰飞烟灭，这样一件逼真的缩微模型，为今人了解彼时的建筑形制提供了难得的实物材料。从其风格看，应是盛唐之物。塔内部中空，可放置他物，推测原是安放舍利的容器。

塔顶的宝刹上有相轮、华盖、日月和摩尼珠，尚保留有外来的传统，除此之外，人们对于佛国的想象与表达，无一不是从中土世俗世界出发。

## 人物花鸟纹螺钿漆背铜镜

唐（618—907年）
直径24厘米
1955年河南洛阳涧西兴元元年（784年）墓出土
中国国家博物馆藏

《孟子》所言“穷则独善其身，达则兼善天下”，为读书人的进与退，皆提供了充分的理由。生活在现实世界的人，可儒可道，不必在哲学教科书中择其一端，而不及其余。到了南朝，皇帝的陵墓中，竟然也装饰着“越名教而任自然”的魏晋名士“竹林七贤”的肖像。唐人也是如此，夜晚声色犬马，第二天又幻想着做一名悠然见南山的隐士。

在这种风气中，样板人物也会变形。这枚唐镜背面装饰弹阮和饮酒的高士，他们没有“饭疏食饮水，曲肱而枕之”，而是过着被服纤丽、僮仆粱肉的日子。皓月当空，凤翥鸾翔，花木繁茂，好一派富丽祥和。镜上所有的人物、动物、植物、器物，皆以蚌壳切割而成，再用大漆粘贴在青铜的底板上，这种装饰铜镜的做法，仅见于唐代。然其材质、技术与光色，皆与画面的主题相去甚远。

超凡脱俗的举止，一旦为人人所效法，便成了凡俗。不过，凡俗也有凡俗的精到之处。

## 兽首玛瑙杯

唐（618—907 年）
高 6.5 厘米，长 15.6 厘米，口径 5.9 厘米
1970 年陕西西安何家村出土
陕西历史博物馆藏

唐长安城内出土的兽首玛瑙杯，年代、产地都存在较大的争议。多数学者认为，这种端部有兽首、整体呈角形的杯子，是西方所说的“来通”。来通早在西亚的亚述、波斯阿契美尼德王朝就已出现。在土库曼斯坦旧尼萨古城发现过十余件公元前二世纪的象牙来通，巴尔干半岛的色雷斯则有金银来通出土。收藏在世界各地博物馆的来通，底部有羊、马、牛、狮等动物形象，变化多端。

玛瑙制作的来通仅此一例。玛瑙是一种胶状矿物，虽然中国也有出产，但文献言及玛瑙，则多是来自域外的异宝。大型玛瑙极为难得，豁然掏挖为中空的杯子，用心奇绝。玛瑙杯端部为羚羊头，十分写实；但联系其整体来看，则是角上生头、头上生角，大角小角并行不悖，颇为诡异。玛瑙基调为酱红色，接近动物毛发的颜色。然而，其半透明的质感，以及黄白等色构成的纹带，流光溢彩，又与真实毛发拉开了距离。取下羚羊嘴上的金塞，是一通透的小孔。从一些图像材料中可以看到，西亚和中亚人通常高举起盛满美酒的来通，使酒通过小孔流下，如丝线一般注入口中。这种饮酒方式，对唐人来说，又是一奇。

综合各种因素判断，兽首玛瑙杯应为外来品。不过，在唐代，如果少了这些奇奇怪怪的物件，则长安就不再是长安。

## 八棱净水秘色瓷瓶

唐（618—907年）

高21.5厘米，口径2.2厘米

1987年陕西扶风法门寺地宫（874年）出土

法门寺博物馆藏

宋代以后，唐人陆龟蒙诗句“九秋风露越窑开，夺得千峰翠色来”所咏的越窑秘色瓷，就像她的名字，成为秘藏在时间中的谜。直至法门寺地宫开启后，研究者才根据碑文中记录供物品名的“衣物账”，确定地宫中十三件青釉瓷器为秘色瓷。

“八棱净水秘色瓷瓶1件。标本FD4:002-1……瓶细长颈，直口，圆唇，肩部圆隆，腹呈八瓣瓜棱形，圈足稍外侈。在瓶的颈肩上饰与肩腹相应的八角凸棱纹三周，呈阶梯状。通体施明亮青釉,有开片。足底露胎，胎色浅灰而精致细密。高21.5厘米、最大腹颈11厘米、口径2.2厘米、颈高11厘米。重615克。”——难得有如此确切的标本，考古学家冷静平正的文字背后，隐藏着自己怦怦的心跳。

## 三彩载乐舞骆驼

唐（618—907 年）
通高 58.4 厘米
1957 年陕西西安三桥镇南何村鲜于庭诲墓（723 年）出土
中国国家博物馆藏

---

一条伟大的道路，沿着西北戈壁的边缘，穿越中亚阿姆河和锡尔河流域诸国，一直到达撒马尔罕、波斯和叙利亚，将地中海沿岸的各大城市与大唐长安联系在一起。长安城中，到处是远道而来的使臣、僧侣和商人，分别以政治、宗教和经济的眼光观望着唐朝；一些留学生则是为了寻求知识而来。他们带来了各种野兽、香料、药物、颜料、宝石、器物、书籍……也带来了不一样的乐舞、信仰和习俗。

这件三彩骆驼背驮一方座，方座中央立一歌唱的胡人，周围四人奏乐，其中两人为汉人，两人为胡人，他们表演的应是丝路上流行的胡舞、胡乐。另一个相似的例子出土于西安西郊中堡村唐墓，其方座中央立一女子，周围七名女乐皆为汉人，所表演的可能是汉化的“胡部新声”。两件构思相同而主题各有侧重的杰作，十分传神地表达出了丝绸之路上中外文化的互动与交融。

深埋在墓葬中的陶俑，当然是传统丧葬礼俗和观念的延续，是为墓主输送的物质与精神给养。然而，长安城中的红深绿浅，也左右着他们对另一个世界的想象。

## 彩绘陶小憩女童骆驼

唐（618—907 年）
高 73 厘米，长 60 厘米
1987 年陕西西安韩森寨出土
西安博物院藏

我知道“事死如生”是祖宗的古训，但你们为什么那么较真儿？为什么总让我一一塑造出那些往来于戈壁上的波斯人、突厥人、回鹘人、吐火罗人、粟特人和黑皮肤的昆仑奴？为什么总让我表现出他们的族属、身份、年龄和表情？为什么总让我把一整个乐队放在一匹骆驼上，还要加上一位舞者？为什么总让我在驼背上做那些帐篷、丝绸、象牙、瓷器、皮毛和其他数不清的商品？为什么总让我把寺院里的护法天王拿到这里来保护你们的先人？为什么总让我传达出各种东西的重量和质感？为什么要让马儿的四肢腾空而起？为什么要烧出五彩斑斓的色彩？你们的要求实在太过分！

不错，我是一个有经验的匠师，但是我老了，今天实在太累。我不想捏出那么多的人，我不想为它加上鲜亮的釉色，我没力气再去刻画人物的眉眼、表情。我去柴房睡一会儿，就这样。哦，我今天做好的这个小姑娘也累了，求求你们，不要在我的作坊里吵吵嚷嚷，也好让她做个美梦。

## 木身锦衣裙仕女俑

唐（618—907年）
高29.5厘米
1973年新疆吐鲁番阿斯塔那张雄夫妇墓出土
新疆维吾尔自治区博物馆藏

对着菱花镜，邻家女孩梳起双环高髻，脸上敷粉，口如红樱。长安城中，女子多双眉染翠，她却画了宽而长的黑眉，这是新时尚，正如诗中所说：“一旦新妆抛旧样，六宫争画黑烟眉。”取出小妹剪的花钿，贴在额心，双眉霎时化作花底的叶片。颊上斜红、腮下妆靥，更为这张桃花面平添了几分生动。打开衣箱，衫、裙、帔是必备的三件套。衫的袖子是绿绢，前后襟为双面锦。锦上的花，细看是饱满的联珠纹。这些来自波斯萨珊王朝的纹样，如今已是齐绾鲁缟常见的品类。一袭高腰曳地花间裙，红白交替。一条绿丝帔帛，是初春的草色。可不要忘了在裙外罩层轻纱，否则，人们怎能读得懂“雪逐舞衣回”“雾轻红踯躅”？

武则天垂拱四年（六八八年），朝请大夫张怀寂买下的一尊仕女俑，复制了这青春的容颜。肌肤以土木替代，衣衫却悉数沿用原有材料。你看腰间那条小小的绦带，它采用“通经断纬”的缂丝技术，交织出富有立体感的花纹。绦带每平方厘米有经线十三根、纬线一百一十六根，至少用色彩不同的八只小梭子在各个局部挖花织成，是目前所知最早的缂丝实物。

张怀寂的驼马出“开远门”，日夜兼程，来到四五千里外的高昌城。他的父亲——高昌国左卫大将军张雄多年前安葬于此。而这件仕女俑和其他随葬品，将要奉献给他新近不幸亡故的母亲麹氏，一位出身高昌王族的老夫人。

考古学家取出仕女俑双臂中的两股纸捻。这些废弃的纸上残存有墨书的文字，每一个字，都与一千三百年前的长安紧紧相连……

沉睡在海底几百年的鱼儿，
最终还是跃出了水面。

## 莲花形鹊尾银香炉

辽（907—1125 年）

通长 36.5 厘米

1992 年内蒙古宁城埋王沟萧孛特本墓（1081 年）出土

内蒙古自治区文物考古研究所藏

---

在信仰的激发下，饮食、衣服、珍宝、钱财、鲜花与香等大量物资财富源源不断地被人们进奉于寺院，其中香被看作“信心之使”。大约从西晋开始，寺院中出现了行香制度，即由法师手持香炉，引导信众绕佛像、坛场或街市巡行，以表达对佛的礼敬。南北朝以后，行香活动进入宫廷，晚近则流布于民间庙会。高等级的行香仪式规模浩大，程序繁复，是图像、音乐和身体语言的综合体，加之香炉中散发的香味，使这种公共性的活动具有了不同于世俗生活的神圣性。

行香中使用的香炉又称行炉，制作极为讲究。这件辽墓中出土的银香炉，将北魏以来流行的长柄香炉大胆改造为一枝并蒂莲花，大莲朵中藏香炉，小者藏香宝子（即香料瓶），莲茎为柄，俯偃的荷叶则是放置时起支撑作用的底座。如此一来，香味就像从莲花中生出。

炉身作莲花形的香炉，始见于中唐。与此品相同形制的香炉，还有南京大报恩寺北宋大中祥符四年（一〇一一年）长干寺真身塔地宫出土的银鎏金香炉。辽墓所见的这件，或有可能是宋真宗景德元年十二月（一〇〇五年一月）宋辽订立澶渊之盟，双方开展边境贸易后，由南方输入的宝物。

## 鎏金卧鹿纹银鸡冠壶

辽（907—1125 年）

高 26.5 厘米，口径 5.5 厘米，底长 21.4 厘米

1979 年内蒙古赤峰洞后村出土

中国国家博物馆藏

带有小孔的提柄，可以穿系绳带。外缘的云头，形如雄鸡的冠，是“鸡冠壶”一名的由来。扁平的器体，保留了马背上皮囊的外形，是对祖先生活的记忆。宽厚的平底，宜于安放，说明主人已走下马背，习惯了定居生活。常见的鸡冠壶多以陶瓷制作，此器以金花银地代之，则身价高贵无比。史载，辽穆宗耶律璟应历十八年（九六八年）曾造大酒器，刻为鹿纹，名曰“鹿甀”，用以储酒祭天。由此可知，壶身两侧的卧鹿，以及辽代绘画中常见的鹿，都不只是对大自然的赞美。

辽是以北方东胡族后裔契丹为主体，联合汉族和其他少数民族所建立的王朝。在北宋使者的记录中，早期契丹人多使用木器。但来自中原王朝的赠品和战利品，以及北上的工匠，都为辽代金银器的发展提供了充足的资源。在与其他政权并存和竞争的过程中，契丹民族也不断调整文化取向。他们的传统与转变，全都铭记在这件华丽的酒器上。

# 玉六事

辽（907—1125 年）
通长 18.2 厘米，坠件长 5.8 厘米至 8.2 厘米，金链长 4.5 厘米至 5 厘米
1986 年内蒙古通辽奈曼旗青龙山陈国公主驸马合葬墓（1018 年）出土
内蒙古自治区文物考古研究所藏

年仅十八岁的辽陈国公主不幸病逝，与先她去世的驸马合葬。按照契丹贵族的葬制，公主夫妇戴鎏金银冠，枕金花银枕，覆金面具，穿金花银靴，全身罩银丝网络。与这些流光溢彩的丧葬用品不同，系挂在公主腰带上的一组白玉饰品，小巧可爱，可能是她生前的玩好之物。六根金链从一朵透雕的莲花垂下，各系一件小玉坠，仔细看来，有剪、觿、锉、刀、锥和勺，其中“觿”是用来解开衣带死结的工具。这些物事般般样样，其锋其刃已不能加诸他物，但其名其形，在摇摇摆摆、叮叮咚咚之中，却可以唤起人们隐隐约约的记忆，引发远远近近的联想。

这类饰件的渊源，是初唐五品以上武官所佩带的“七事”，即悬挂在腰带上的七种小型物事。七事包括佩刀、刀子、砺石、契苾真、哕厥、针筒、火石，有些名字今已不知为何物，但却与佩带者的身份密切相关。这套制度再向前追溯，则是古代游牧民族随身携带的实用工具和武器。除了常见的七事，有的组件为五为四，分别称“五事”“四事”，陈国公主的这套可叫作“六事”。大约从元代起，这类饰件开始走入寻常百姓家，系挂在女性衫前，所见物事包括花篮、双鱼、宝盒等吉祥物。《金瓶梅》写孟玉楼改嫁时，穿戴华丽，“系金镶玛瑙带，玎珰七事”。

数量、品种、功能、身份，皆因时因人而变，唯一不变的是摇摇曳曳、虚虚实实的美妙。

## 白釉波浪纹瓷海螺

北宋（960—1127 年）
高 19.8 厘米
1969 年河北定县静志寺地宫（977 年）出土
定州博物馆藏

定州（曾称定县）静志寺真身舍利塔地宫中秘藏北宋定窑瓷器一百一十五件。这些瓷器胎质细腻，釉色洁净，温良如玉，许多器底刻有“官”字铭记，可知为官窑产品。

这件瓷海螺是佛教仪式中使用的法螺。作为乐器的法螺本以同名软体动物的贝壳制作，以瓷器仿制，则将工艺、音乐与自然融为一体。瓷海螺通体施白釉，端部吹孔处无釉，其侧面开一小孔以调音量，忠实地传达了法螺的形态和质感。相传释迦牟尼在波罗捺城鹿野苑初转法轮时，护法神帝释天奉献给他一件右旋白法螺，想必与这件法螺的样子差不太多。庄严的佛教仪式中，螺号深沉悠扬的乐音是佛祖言语的象征，据说可以召集众神、灭除重罪。

法会结束了，殿堂内空无一人。

沉静的法螺回想起遥远的故乡，这时，螺壳上隐隐显出层层波浪……

## 天青釉莲花式温碗

北宋（960—1127 年）
高 10.2 厘米，口径 15.4 厘米，底径 8 厘米
2000 年河南宝丰清凉寺村出土
河南省文物考古研究院藏

晚明鉴藏家论及宋瓷，有“五大名窑”之说。其中的汝瓷胎质细腻，釉色以天青为主，有“雨过天晴云破处”之美誉。汝窑的生产持续时间较短，完整器物存世不过百件，极为珍贵。汝瓷在北宋末年进贡于宫中，后世帝王的收藏品也因此多了瓷器一项。

经过考古工作者半个世纪的努力，一九八七年，确定河南宝丰县清凉寺村为汝窑之所在。二〇〇〇年，在该遗址的核心烧造区，发掘出土了制瓷作坊和大量瓷片。据记载，汝窑以玛瑙末为釉，而不远处的青岭镇商余山即盛产玛瑙。北宋时，宝丰隶属汝州，汝窑因此而得名。

清凉寺遗址出土并复原的这件莲花碗为温酒器，常与执壶相配。其委婉沉静的线条、润泽纯净的色彩，使得任何装饰手法都变得多余。然而，仅仅因为略微有些不对称，它便被抛弃于荒野。

艺术的历史，也是一部无情的淘汰史。

## 青釉琮式瓶

南宋（1127—1279 年）
高 26.6 厘米，口径 7.7 厘米，足径 8 厘米
1991 年四川遂宁金鱼村出土
四川宋瓷博物馆藏

宋代瓷器，颇有一些拟古之作。这件南宋龙泉窑瓶，十分肖似地模仿了太湖地区新石器时代玉琮的形状，其光洁的釉面和色泽，也与玉质相类。

玉琮内有上下通达的圆孔，外呈方形，反映了上古先民“天圆地方”的宇宙观，是原始宗教中的法器。这种观念一直影响到商周礼乐文化，《周礼 · 春官》中有“以黄琮礼地”的记载，其注云：“琮之言宗，八方所宗，故外八方，象地之形。中虚圆，以应无穷，象地之德，故以祭地。”这类理论化的概括，应有一定的事实依据。

这种观念以及相应的器物，在中古时期已不为人们所熟悉。宋代儒学复兴，重视先秦礼制的研究。新政权为强调其合法性，也亟须按照正宗的周代礼法订立新的礼乐制度。以证经补史为使命的金石学因此得以兴起与发展，墟墓间所出古器物进入研究者的视野，关于上古青铜器、玉器、碑刻的知识变得空前丰富。

新的思想和学术风气，影响到工艺品的制作。这件琮式瓶已不再扮演其原型的宗教角色，而用为书斋中的陈设，成为塑造一位儒士好古敏求的文化形象最恰切的道具。有的琮式瓶可以供梅插荷，那么，举目所见，便是古老文化传统中孕育出的勃勃生机。

## 白釉褐彩鹡鸰图虎形枕

金（1115—1234 年）

高 12.8 厘米，宽 19.5 厘米，长 39.6 厘米

上海博物馆藏

唐中宗第二任皇后韦后的姐姐号七姨，嫁将军冯太和。七姨曾做豹头枕以辟邪，做神兽白泽枕以辟魅，做伏熊枕以宜男。但是，不久冯太和去世。睿宗登基后，韦皇后被杀，七姨也丢了性命，她的一系列经营并未奏效。然自上古以来，人们就普遍相信作为“百兽之长”的虎，噬食鬼魅，能辟邪祛灾。南朝陶弘景《本草经集注》云：“虎头作枕，辟恶魇。”唐宋以降的瓷枕多有作虎形者，说明此类观念十分普遍。

这件虎形瓷枕是北方民窑磁州窑的产品，白地黑花，虎身遍施褐彩。猛虎俯卧，长尾贴身，不见爪牙之利，而突出了其皮毛的柔软顺滑，温厚可人，既可履行辟邪的职责，又不至于搅扰主人仲夏的美梦。虎背椭圆形的开光中，以墨彩逸笔草草地勾画出汀洲上一只回首的鹡鸰和两只高飞的大雁，显示出文人的趣味已深入更广大的民间。枕底有墨笔行书“大定二年（一一六二年）六月廿六日张家”，可能是瓷枕买家的手迹。

忽略七姨的故事吧，让我们祈愿张家的日子高枕无忧。

## 青花凤首扁壶

元（1271—1368 年）
高 22 厘米
1970 年北京西城区旧鼓楼大街豁口出土
首都博物馆藏

从至元十五年（一二七八年）元世祖忽必烈设立浮梁磁局开始，江西东北部山环水绕的景德镇就成为御用瓷器最重要的产地。优质的瓷土，加上被称作“回回青”的波斯料，使得早在唐代就已出现的青花瓷，至此盛极一时。蒙古族尚蓝尚白，传说其祖先出自苍狼与白鹿的结合，而青花瓷完美地将蓝天白雪的色彩融为一体，故深受其喜爱。

饱蘸蓝色钴料的画笔在洁白无瑕的器表游走，笔底一只凤凰从盛开的牡丹花丛中起飞，翙翙其羽。一件瓷扁壶，仿佛是从这吉祥富贵的春色中截取的一个剪影。

平金灭宋之后的蒙古人仍保持着游牧者迁徙的本性，扁平的器身，利于贴体携带。这件扁壶被带到了元大都，而完全相同的另一件，则被带到了察合台汗国的都城阿力麻里城，即今天新疆伊犁的霍城县。

## 青花萧何月下追韩信梅瓶

元（1271—1368 年）
高 44.1 厘米，口径 5.5 厘米
1950 年江苏江宁将军山明沐英墓（1392 年）出土
南京市博物馆藏

---

元杂剧有《萧何追韩信》，但保留至今的版本只剩四折，已不完整。明朝开国功臣沐英墓出土的一件元朝末年的青花梅瓶，则可以让我们将这个古老的故事重温一遍。与常见的元代器物一样，梅瓶体量硕大。这一侧，萧何策马疾驰，焦虑的眼神和扬起的胡须，透露出其急切的心情。绕行一步，岸边的韩信徘徊不定。再向前，是持桨等待的老艄公。接下来，我们又看到了萧何……时光难以倒流，但好戏却可以反复上演，反复品味。

画面背景绘松、竹、梅、芭蕉，南叶北花，一起苍翠，一起怒放。不必在意其寓意与剧情有何关联，南下的蒙古人，迷恋的只是秦月汉风。

梅瓶的肩部和底部装饰有西番莲、杂宝等各色花样的变形莲瓣，形同伊斯兰建筑中的拱门，而非宋人的传统。蒙古人所建立的横跨欧亚大陆的钦察汗国，曾深度伊斯兰化，自然为中原的工艺制作增加了这般新色彩。

所有的时间，所有的空间，就这样在一件梅瓶上次第展开。

## 青白釉观音像

元（1271—1368 年）

高 65 厘米

1955 年北京西城区定阜大街西口出土

首都博物馆藏

为避唐太宗李世民的名讳，象征着慈悲和智慧的观世音菩萨，在唐代省称为观音，其形象也转化为女身。这位据信只要诵其名号，便可脱离水火刀兵的神明，到宋元时期，进一步成为民间信仰的万能女神，执掌百姓的婚姻、生子、健康、家财等大事小情。南宋洪迈《夷坚志》一书，记载了多个与观音有关的故事。其一说，一老妇手臂久病不愈，梦中得白衣女子提示，修缮了寺院中一尊观音像的断臂，老妇自己的手臂也因此得以痊愈。在这类故事中，礼拜和制作观音像，皆是可得福报的功德。这种观念，导致了观音像的流行。

元大都故地出土的这尊青白釉观音像产于江西景德镇，釉色已不及宋代青白瓷纯正，但其体量高大，以形象的塑造见长，仍是难得的佳作。造像不取传统宗教偶像的神秘与威严，而充满圣洁与慈祥的温情。富有质感的冠服，繁复的璎珞，栩栩如生的眉梢、嘴角、指尖，每个细节都试图证明，妇孺心目中的观音菩萨，时时刻刻，一唤即应。

## 白地黑花婴戏纹罐

元（1271—1368 年）
高 30 厘米，口径 18.5 厘米
1993 年辽宁绥中三道岗沉船出水
中国国家博物馆藏

所向披靡的蒙古军队统一了漠北诸部，又先后攻灭西夏、金，三次西征，灭南宋，建立了称霸欧亚大陆的帝国，一种真正意义的世界史开始了。

元朝皇帝雄心勃勃，不断扩展帝国的版图。

但是，武力并不能征服一切，使得这个世界联系更为密切的，还有经贸和文化的力量。元朝的海上贸易更为发达，国内南北货运一半以上依赖海路。从两广和闽浙出发，元朝商船可通东南亚、南亚甚至西亚诸国。由渤海湾启航，则可到达朝鲜半岛和日本。在辽宁绥中三道岗发现的一艘元代沉船，便是北路上的一艘商船。

从沉船上出水的一批白地黑花瓷器产自磁州窑。磁州窑北宋时兴起于河北磁县漳河两岸，至元代已发展为北方最大的民窑系统。元大都出土的瓷器，一半以上属磁州窑。粗糙的原料、大批量的生产，都迫使在瓷器表面绘画的工匠快速运笔，而不拘泥于细节。他们反复绘制同一题材，胸有成竹，落笔生风，形成了富有写意性的风格。这件瓷罐上的小童以寥寥数笔勾画而成，各种活泼的弧线彼此联动，充满柔情，与浑圆的器形融为一体。

婴戏题材寓意多子多福。这一曲生命的颂歌，不会被湮没。沉舟侧畔千帆过，载着更多同样的瓷器，一艘艘大船，乘风破浪，去往远方。

## 广寒宫图嵌螺钿黑漆盘残片

元（1271—1368 年）
直径约 37 厘米
1970 年北京后英房出土
北京市文物局藏

---

自西汉起，御苑的湖池即用“太液”之名，池中建三山，以象征传说中的东海仙岛瀛洲、蓬莱、方丈。元大都宫城之西的太液池，原是金中都万宁宫的西园，池中也有三山，最大的名琼华岛，元时改称万岁山。元代在万岁山山顶重建的广寒殿，踵事增华，更为富丽。殿有双重屋宇，以美丽的文石铺地，四面窗间镂刻连琐图案。丹柱上云龙盘绕，涂以黄金。以香木雕刻的数千片祥云，装饰在周围。夜晚登殿，可见月栖池底，楼腾云上。

金元的太液池，为明清北京城所沿用，即今北海公园。琼华岛顶部，是清代所建永安寺白塔，但广寒殿已了无踪迹。

北京后英房出土的嵌螺钿黑漆盘残片上，可见一处祥云缭绕的玉宇琼楼，以厚度仅有零点五毫米的鲍鱼壳分裁施缀，其五光十色的虹彩美轮美奂。由于同出的其他碎片上还见有美人的头像，以及残留有“广”字的匾额局部，该图遂被定名为“广寒宫图”。我们也分明看到，图中楼宇的结构和装饰，与文献所载元代太液池中的宫殿多有重合。

不知道这究竟是天上的宫阙，还是城中的广寒殿；但可以肯定的是，无论建筑还是图画，都是梦与诗的再现。

## 金镶宝石累丝绦环

明（1368—1644 年）
通长 17.1 厘米，宽 10 厘米，高 2.8 厘米
1971 年山东邹县九龙山朱檀墓（1389 年）出土
山东博物馆藏

明代官员燕居，腰间多系丝绸制作的绦带，两端装带钩和环以连接。绦钩、绦环位置显著，引人注目，故制作和佩戴十分讲究。元末明初的朝鲜汉语课本《老乞大》记富家子弟的穿着，曰："系腰也按四季：春里系金绦环；夏里系玉钩子，最低的是菜玉，最高的是羊脂玉；秋里系减金钩子，寻常的不用，都是玲珑花样的；冬里系金厢宝石闹装，又系有综眼的乌犀系腰。"所谓"闹装"，指的是"用金石杂宝装成为带者"。

明太祖朱元璋第十子、鲁荒王朱檀墓中出土的一件绦环，比《老乞大》所记更为奢华。以累丝技术制作的双层透花金托，分作主件和左右配件三部分，通过背后的扣件相连。金托上装饰三十三颗宝石，正中是一颗硕大的蓝宝石，周围缀饰四颗大珍珠、四颗小珍珠、十二颗红宝石、两颗猫眼石、一颗祖母绿、六颗绿松石、两颗小蓝宝石和一颗不知名的宝石，争奇斗艳，光彩夺目。这些宝石中，除了绿松石产自国内，大部分来源于海外贸易，极为稀缺。所以，在已经发现的多座明初藩王墓中，镶嵌宝石的带饰仅此一例。从永乐三年（一四〇五年）开始，郑和七下西洋，在各国购买大量珠宝，明代的工艺品制作才有了更为优良而充足的原料。

# 金累丝点翠凤冠

明（1368—1644 年）
通高 31.7 厘米，上宽 34 厘米，外口径 19 厘米，内口径 17 厘米
1958 年北京昌平大峪山定陵（1620 年）出土
故宫博物院藏

在受册、朝会和拜庙等正式场合，皇后会佩戴起凤冠。冠上的龙、凤、朱花、翠云，以及各色珠宝，装点着她的容貌，也是她身份的象征。明神宗朱翊钧与孝端、孝靖皇后合葬的定陵共出土四顶凤冠，这顶三龙二凤冠属于孝靖皇后。凤冠上的龙凤口衔珠宝结，累累垂垂。整个冠上共镶嵌红宝石、蓝宝石九十五块，珍珠三千四百二十六颗。可是，这珠光宝气的豪华，全被满目的翠色所遮蔽。翠色出自所谓的“点翠”工艺，即以翠鸟的蓝色羽毛，粘贴在各种形状的金银基座上，构成不同的图案。由于翠羽有折光，加之其自然的纹理，呈色极为亮丽，质感也十分细腻。这顶凤冠上的羽毛贴成八十多片翠云，层层叠叠，葳蕤摇飏，熠熠生辉。

这是一种残忍的美。被剪取羽毛的翠鸟，会受到致命的伤害，再也不能自由飞翔，寿命也会大大缩短。然而，那些剥夺了翠鸟美丽和生命的人，如今又在何方？

## 五彩鱼藻纹盖罐

明（1368—1644 年）

高 46 厘米，口径 19.8 厘米，底径 24.8 厘米

1955 年北京市东郊出土

中国国家博物馆藏

第一次入窑烧成的白瓷，犹如洁净的纸面。工匠尽情发挥绘画才能，用多种颜料在上面绘出艳丽的图案，然后再次入窑。经过低温烧制以后，颜料便完全附着于器物之上，这种釉上彩绘，称作“五彩”。在明代嘉靖年间（一五二二年至一五六六年），五彩是最重要的瓷器品种。这件五彩罐体量硕大，底部有青花楷书“大明嘉靖年制”款。其中的蓝彩为釉下青花，尚不是在釉上施加，严格地说，它属于青花五彩。但是，画面上青花已不占主导地位，各种色彩搭配得十分自然。

白净的底色消解了器物的形体，八尾红鲤上下由之，可近可远。这场五彩缤纷的视觉盛宴，与寓意富足吉祥的鲤鱼、莲花、水藻等母题浑然一体。

哦，记得要摘下现代人的有色眼镜，以免恍惚间将它当作客厅中盛满游鱼和水草的玻璃缸。

## 青花跃鱼纹盘

明（1368—1644 年）
高 4.5 厘米，口径 19.2 厘米，底径 11.5 厘米
2012 年广东汕头南澳岛一号沉船出水
广东省博物馆藏

鉴于沿海倭寇的侵扰基本解除，朝廷决定局部开放海禁。隆庆元年（一五六七年），政府在福建漳州东南的月港设立“洋市”，准许出洋贸易，以图海宇晏如。万历年间（一五七三年至一六二〇年）的一天，一艘满载着货物的私船从月港启航。船主计划在东南亚某地与西班牙商人交易，再通过马尼拉大帆船，将货物运往西属美洲，最后辗转至欧洲诸国。带着这样的盘算，他们沿着海岸线向西南行进。航行到今广东汕头市南澳岛东南三点金海域时，不料遇到重大变故，人们无力回天，商船最终沉没于二十五米深的海底。

二〇一〇年开始的水下发掘证明，商船在当时遭遇了猛烈的撞击。经过持续三年的工作，从沉船打捞出水的文物近三万件，包括大批漳州窑、景德镇窑瓷器，福建、广东等地民窑生产的陶器，以及部分铜器和锡器。

这件青花瓷盘是景德镇民窑的产品。盘底“余造佳器”四字，隐隐显出窑工满是汗水的脸庞。绘在盘内的鲤鱼，迎着太阳豁然跃出水面，波浪中开，风起云涌。宋人陆佃《埤雅》说：“俗说鱼跃龙门，过而为龙，唯鲤或然。”所谓的龙门，即今山西河津黄河峡谷的禹门口。

民间多以鱼跃龙门寓意科试及第，远方的异乡人也许很难读出这般吉祥止止。但是，这条沉睡在海底几百年的鱼儿，最终还是跃出了水面。

# 画在后面的画

1. 小时候，我记得爸爸的书中有很多瓶瓶罐罐，与我家厨房中的不一样。

2. 后来，我在动画片中看到一些古装人物穿戴奇怪，就自己去查爸爸的书。

3. 跟爸爸去博物馆，我看到了书中那些文物的真身。

4. 志钧老师是点子大王。

5. 每次讨论这本书，都是一场头脑风暴，我学到很多东西。

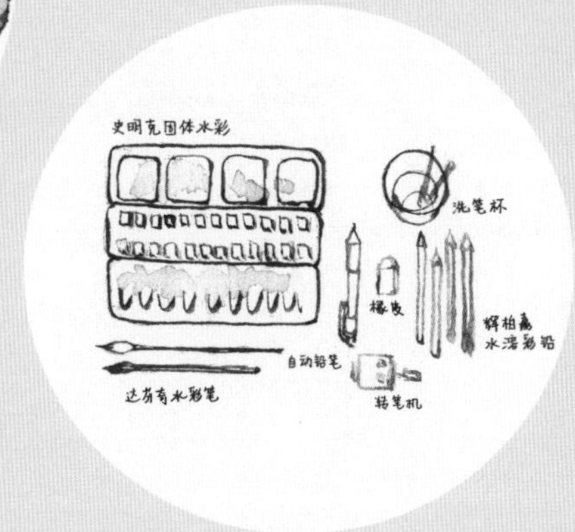


6. 我画画的工具很简单，在任何一个画材店都买得到。

7. 这是一次奇妙的旅行。

8. 我和爸爸谢谢各位老师的帮助，也谢谢各位读者朋友！

9. 最后一格留给您，
您也画件文物吧。

# 年方六千

未完待续——